Gutes KARMA* Food

REZEPTE FÜR EIN BESSERES ICH

*Karma: Der Begriff kommt aus dem Sanskrit und beschreibt ein spirituelles Konzept. Jede Handlung, egal ob physisch oder geistig, hat unweigerlich Folgen!

Gutes KARMA Food

REZEPTE FÜR EIN BESSERES ICH

Rezepte, Texte und Fotos von
SIBYLLE STURM

Good Life Books
by Fackelträger

Inhalt	4
Gutes Essen – Gutes Leben	7
Gebrauchsanweisung für gutes Karma	8
Basics – Immer im Vorratsregal	10
Aus dem Kräutergarten	12
Die 10 besten Superfoods, die jeder kennt	14
Achtsamkeits-Übungen für Zwischendurch	16

GUTEN MORGEN, FRÜHSTÜCK 18

Zweierlei Granola	21
Porridge *mit Kompott & Zimtzucker*	22
Pancakes *mit Banane & frischem Obst*	25
Bunte Smoothies	27
Knuspriges Körnerbrot *mit Mandeln & Chiasamen*	28
Dreierlei Aufstriche	31

DA HABEN WIR DEN SALAT 32

Knackiger Spargel *mit Erdbeeren, Erbsen & Bohnen*	35
Rucolasalat *mit Pfirsich & Nüssen*	36
Süßkartoffelsalat *mit Granatapfelkernen & Koriander*	39
Herbstlicher Rübensalat *mit Petersilie & Orangendressing*	40
Gebackene Auberginen *mit Cashewcreme & Petersilie*	43
Quinoasalat *mit Avocado & zitronigem Dressing*	44
Rotkohlsalat *mit Walnüssen, Rosinen & Orangen*	47
Linsensalat *mit Herbstrübchen & Granatapfelkernen*	48
Salat-Wraps *mit Tomatensalsa & Avocadocreme*	51
Linsensalat *mit frischer Mango & Zitronenmelisse*	52
Spicy Kohlrabi-Rüben-Salat *mit frischem Koriander*	55
Salat im Glas *mit Quinoa, Beeren & Sprossen*	56
Bunter Tomatensalat *mit süßer Melone & Pflaumen*	59
Bunter All-inclusive-Salat	60

HEISS GELIEBTE SUPPEN 62

Scharfe Karottensuppe *mit Erdnuss-Kokos-Crunch*	64
Deftiger Eintopf *mit Süßkartoffeln & Bohnen*	67
Maissuppe *mit Pilz-Lauch-Topping*	68
Exotische Kürbissuppe *mit Banane & Kokos*	71
Rote Linsensuppe *mit Kichererbsen & Paprika*	72
Spicy Tomatensuppe *mit knackigem Sellerie & Kresse*	75
Lauchsuppe *mit frischen Kräutern & Flädlestreifen*	76
Spargelsuppe *mit Zuckerschoten & Koriander*	79

Cremige Brokkolisuppe	
mit Karotten- & Süßkartoffelpommes	80
Grüne Gemüsesuppe	
mit fruchtigem Tomaten-Mandel-Pesto	83

JETZT ZUM HAUPTGERICHT — 84

Bohnen-Linsen-Pattys	
mit Balsamico-Feigen	86
Geröstetes Kürbis-Hirsotto	
mit Aubergine & Paprika	89
Kürbis-Mais-Rösti	
mit cremiger Basilikum-Guacamole	90
Gerösteter Blumenkohl	
mit Petersilie	93
Buchweizen-Pfannkuchen	
mit Pilzfüllung	94
Gebackene Aubergine	
mit Zitronenhirse	97
Nussbraten	
mit fruchtigen Preiselbeeren	98
Ofengemüse	
mit frischem Kräuterdressing	101
Gebackene Süßkartoffel	
mit Linsengemüse	102
Pizza	
mit knusprigem Körnerboden	105
Spargel	
mit bunter Tomatensalsa	106
Würzige Linsenplätzchen	
mit Gemüse	109
Fächerkartoffeln	
mit cremigem Erbsenhummus	110
Zucchininudeln	
mit Basilikum-Kürbiskern-Pesto	113
Polentapizza	
mit Rucola, Oliven & Paprika	114

SÜSSES & SALZIGES — 116

Herbe Schokocreme	
mit Avocado	118
Saure Zitronencreme	
mit süßen Himbeeren	121
Cremiges Schokoeis	
mit Zimt & Kakao-Nibs	122
Rote Fruchtgrütze	
mit knusprigem Mandelkrokant	125
Kalte Erdbeertorte	
mit Schokosauce	126
Apfelkuchen	
mit Marzipan & Mandelblättchen	129
Aprikosentartelettes	
mit Pistazien & Thymian	130
Kleine Schokotorte	
mit Kokoscreme & frischen Beeren	132
Schokoladige Zimtbällchen	
& sommerliche Zitronenkugeln	135
Haferriegel	
mit Cranberrys	136
Herzhafte Cracker	
mit Tomate oder Olive	139
Zweierlei Knabberei	140
Register	142
Impressum	144

Gutes Essen - Gutes Leben

Und wie selbst kochen für ein gutes Karma sorgt.

Eigentlich habe ich ja gar keine Zeit zum Selbstkochen. Eigentlich!
Aber ich möchte fit und gesund bleiben und nicht aufgrund meines Essverhaltens erkranken.

Also lasse ich mich nicht von den unzähligen Fertigprodukten verführen, die mir vorgaukeln, ich könne damit Zeit sparen. Ich vermeide stark verarbeitete Nahrungsmittel, zu viel Zucker, Weißmehl, Alkohol und ungesunde Fette – denn wenn ich mein Essen mit frischen Lebensmitteln selbst zubereite, weiß ich was drin steckt und fühle mich einfach wohl in meiner Haut. Deshalb ist natürlich Essen, auch „Clean Eating" genannt, mein Mantra: für einen gesünderen, fitteren Körper und einen wachen Geist!

Für meine Karma-Rezepte kaufe ich alles frisch. Ich koche saisonal, regional und bio, ohne Geschmacksverstärker, Farb- und Konservierungsstoffe, künstliche Aromen und Süßstoffe. Lebendige Nahrung, die voller Vitalstoffe steckt und den Körper gesund hält. Und wenn schon, denn schon: Alle Rezepte sind auch noch frei von Gluten, Soja, Weißmehl und Industriezucker und ohne tierische Produkte wie Milch, Eier, Butter, Fleisch und Fisch. Natürlich entscheidet am Ende jeder selbst, wie es ihm am besten geht. Doch wer zum Beispiel nicht auf tierische Produkte verzichten möchte, dem seien zumindest eine deutliche Reduzierung und Bio-Produkte ans Herz gelegt.
„Was bleibt denn da noch übrig?"
Einfach mal weiterblättern und schauen, denn ich habe abwechslungsreiche, raffinierte und gleichzeitig einfache Rezepte ohne exotische Superfoods zusammengestellt. Also bloß keinen Stress: ein bisschen im Buch stöbern, Rezept raussuchen und ausprobieren. Eine Ernährungsumstellung macht schließlich am meisten Sinn, wenn sie gut in den Alltag passt.
Du bist gar kein Vegetarier oder Veganer?
Aber es spricht ja nichts dagegen, ein Wochenende lang etwas fürs gute Karma zu tun, oder?!

„Zwei Dinge sollst du meiden, oh Wanderer: die zwecklosen Wünsche und die übertriebene Kasteiung des Leibes."

(Buddha)

In diesem Sinne!
Sibylle Sturm

Gebrauchsanweisung für gutes Karma

1. Natürliche Lebensmittel einkaufen, außerdem bio und saisonal sowie viel frisches Obst und Gemüse! Am besten Frisches für 2–3 Tage im Voraus einkaufen, dann sind immer genug Zutaten im Haus und es fällt leichter sich umzustellen.

2. Immer frühstücken, und wenn es nur ein Smoothie oder eine Schale Porridge ist. Für Eilige: Porridge lässt sich schon am Vorabend vorbereiten.

3. Am besten gar **keine Mahlzeit ausfallen** lassen, sondern drei Mahlzeiten und zwei Snacks nach den eigenen Bedürfnissen auf den Tag verteilen.

4. Viel Trinken, mindestens 2,5 Liter pro Tag. Wasser, Kräutertees, frische Säfte sind optimal. Auf jeden Fall weglassen: Limonaden und Säfte, die stark gezuckert sind.

5. Bei jeder Mahlzeit lange **sättigende Kohlenhydrate einbauen,** auch Slow Carbs oder Ballaststoffe genannt.

6. Immer **gesunde Fette** verwenden und auf deren Qualität achten. Dazu gehören kalt gepresste Pflanzenöle wie Olivenöl, Sesamöl, Leinöl oder Kokosöl, aber auch Nüsse und Avocados.

7. Verstärkt Zutaten mit **hohem Eiweißgehalt** verarbeiten, z. B. Quinoa, Bohnen und Linsen.

8. Selbst kochen und auf Fertiggerichte verzichten, das heißt **keine Produkte mit einer langen Zutatenliste** kaufen, die sich wie ein Chemiebaukasten liest.

9. Weitestgehend **auf Alkohol verzichten.** Er enthält Zucker und leere Kalorien und steigert häufig den Appetit. Also am besten nur zu besonderen Gelegenheiten und nicht regelmäßig.

10. Zunächst versuchen, **am Wochenende Zeit für gesunde Mahlzeiten** einzuplanen, dann fällt die Umstellung leichter ... Je öfter man kocht, desto einfacher geht es einem von der Hand.

Immer Zeit fürs Frühstück

Good Food – Good Karma

Linsen als Eiweißlieferanten und Sättigungszutaten.

Süßes mit wenig Zucker

Alles frisch zubereitet, mit Früchten, Gemüse & Kräutern

Saisonal & bio einkaufen

Basics
Immer im Vorratsregal

Eine Wochenliste mit Rezepten gibt es bei mir nicht, aber das Obst- und Gemüsefach ist meistens gut gefüllt. Und notfalls finden sich immer ein paar TK-Beutel im Gefrierfach. Aber die folgenden Zutaten sind es, die daraus eine gute Mahlzeit machen.

1. Essig, Öle & Butter
Weniger ist mehr: statt eine Menge verschiedener Produkte im Haus zu haben, lieber weniger und dafür qualitativ hochwertige. Beim Öl nehme ich für Salate kalt gepresstes Olivenöl und Rapsöl. Zum Anbraten eignet sich Bratöl aus Sonnenblumenkernen oder natives Kokosöl (kein raffiniertes). Beim Essig schmecken mir sowohl der dunkle Balsamico – Aceto Basamico di Modena mit mindestens 6 % Säure – als auch der helle – Condimento bianco –, der milder ist. Statt Butter verwende ich vegane Margarine, wenn sie sich nicht durch Pflanzenöl ersetzen lässt, allerdings nur in geringen Mengen, da es sich um ein stark chemisch verarbeitetes Produkt handelt.

2. Süßes & Salziges
Auch hier macht die Dosis das Gift: zu viel ist ungesund, aber richtig verwendet, runden sie jedes Gericht ab. Ahornsirup sollte beim Süßen die erste Wahl sein, da er nur 40 % Fruchtzucker hat, besser ist noch Reissirup, der aber nicht überall zu bekommen ist. In meinen Rezepten findet sich auch häufig Agavendicksaft, der stolze 90 % Fruchtzucker hat. Deshalb gehe ich auch immer sparsam damit um. Hauptsächlich zum Backen nehme ich braunen Rohrohrzucker, der nicht wirklich gesünder ist als herkömmlicher weißer Zucker, nur das er ein paar mehr Mineralien enthält. Eine Alternative wäre Kokosblütenzucker, der mehr Nährstoffe hat, aber auch einiges mehr kostet. Beim Salz greife ich auf Steinsalz, Meersalz oder Kräutersalz zurück, da diese unbehandelt sind. Raffiniertes Salz enthält oft chemische Rieselhilfen.

3. Kräuter & Gewürze
Am liebsten verwende ich frische Kräuter, im Winter ist das aber nicht so einfach. Dann weiche ich auf die getrocknete Variante von Oregano, Basilikum, Rosmarin und Co. aus. Viele Gewürze habe ich im gemahlenen Zustand im Schrank, in kleinen, gut verpackten Mengen, z. B. Zimt, Kardamom, Vanille, Koriander, Kreuzkümmel, Kurkuma, edelsüße Paprika und Cayennepfeffer. Schwarzen Pfeffer hingegen mahle ich immer frisch.

4. Gemüsebrühe
Von gekauften, evtl. noch mit Konservierungsstoffen haltbar gemachten Gemüsebrühen halte ich nichts. Außerdem ist eine Brühe sehr einfach selbst herzustellen! Dafür 3 kleine Karotten, 4 Stangen Staudensellerie, 1 Gemüsezwiebel, 2 Knoblauchzehen, 1 Lauchstange, 1/2 Bund Petersilie putzen,

Gemüsebrühe ist auch ein gesundes und überraschend nettes Mitbringsel für Freunde ...

ggf. schälen und fein hacken. Das Gemüse wiegen, pro 100 g Gemüse werden 12 g Salz zugegeben. Salz und Gemüse miteinander vermengen und 15 Minuten ziehen lassen, anschließend mit dem Pürierstab zu einer Paste mixen. Schraubgläser sterilisieren und die Paste einfüllen.
Pro 1 l Wasser nehme ich 2 TL Brühe. Nicht benötigte Brühe friere ich in Gläsern ein.

5. Getreide & Hülsenfrüchte
Super Sättigungsbeilage und wichtige Proteinlieferanten. Getreide kommt mir nur glutenfrei in den Schrank, da die heutigen Züchtungen oft die 50-fache Menge an Gluten enthalten und dieses Klebeeiweiß unserem Körper, aus meiner Sicht, nicht gut tut. Haferflocken, Quinoa, Reis, Maisgrieß und Hirse habe ich immer da. Genauso wie rote und braune Linsen, Kichererbsen, weiße Bohnen und Kidneybohnen.

6. Mehl & Bindemittel
Auch hier ist alles glutenfrei. Verschiedene Bindemittel lassen sich zudem gut als Ei-Ersatz einsetzen. Bei meinen Karma-Rezepten habe ich mich auf eine kleine Auswahl an Mehlsorten beschränkt, um es für Neueinsteiger überschaubar zu halten. Mehl: Buchweizenmehl, Maismehl, Kichererbsenmehl, Hirsemehl. Bindemittel: geschroteter Leinsamen, Mais- oder Kartoffelstärke, Agar-Agar, Johannisbrotkernmehl, Pfeilwurzelmehl.

7. Kerne, Nüsse & Samen
Als Topping, aber auch als Hauptzutat beim Backen von Riegeln und Crackern, von mir geliebt. Als Protein-Superfoods haben sie auch alle Berechtigung dazu. Mandeln, Cashewkerne, Walnüsse, Haselnüsse, Pinienkerne, Pistazien, Kürbiskerne, Sonnenblumenkerne, hellen oder schwarzen Sesam und Leinsamen.

Tipp: Eine Körnermischung habe ich immer auf Vorrat. 50 g Sonnenblumenkerne, 25 g Kürbiskerne und 50 g hellen Sesam in einer kleinen Pfanne ohne Öl bei mittlerer Hitze ein paar Minuten rösten. Dabei gelegentlich umrühren, damit sie von allen Seiten geröstet werden. Auskühlen lassen und luftdicht in einem kleinen Schraubglas aufbewahren.

8. Vegane Milchprodukte
Hier ist die neutral schmeckende Reismilch mein Favorit. Sojamilch verwende ich persönlich nicht, aber es gibt z. B. noch glutenfreie Mandelmilch und Kokosmilch.

Aus dem Kräutergarten

Selbst wer keinen eigenen Garten hat: ein Kräutergarten auf der Fensterbank geht immer. Ich genieße es, das frische Grün immer griffbereit zu haben und freue mich, je üppiger es wächst. Wenn die Kräuter blühen, benutze ich die Blüten gerne. Ihr Geschmack ist oft sehr fein, außerdem sind sie sehr dekorativ. Hier meine Liebsten, die irgendwie immer passen und nicht zu exotisch sind.

Basilikum stärkt nicht nur die Verdauungsorgane, sondern beruhigt auch die Nerven und lindert Migräne. Es besitzt blutdrucksenkende, entzündungshemmende, analgetische und entkrampfende Eigenschaften.

Petersilie ist eine wahre Vitaminbombe und sollte nicht nur als Dekoration am Rande des Tellers liegen. Sie ist reich an Vitaminen, Mineralstoffen und Spurenelementen. Sie hilft gegen Erschöpfung, steigert die Leistungsfähigkeit und die Immunabwehr und reguliert das Hormongleichgewicht im Körper.

Zitronenmelisse ist erfrischend, hellt die Stimmung auf und beruhigt das Nervensystem, kann also bei Nervosität, Unruhe und Reizbarkeit helfen. Ein Tee aus den Blättern hilft abends gegen Einschlafstörungen und Ruhelosigkeit, morgens wirkt er belebend.

Schnittlauch hat nicht nur eine positive Wirkung auf die Blutgefäße, sondern enthält auch mehr Vitamin C als ein Apfel (100 g Schnittlauch enthält so viel Vitamin C wie 1 kg Äpfel). Außerdem gilt er als schleimlösend, antibakteriell und verdauungsfördernd.

Koriander ist vom Geschmack her einzigartig. Das ihn einige nicht mögen, hat wohl genetische Gründe, ich jedenfalls finde ihn toll. Ich verwende am liebsten die frischen Blätter, die ich erst am Schluss über das Gericht streue. In der Naturheilkunde wird er gerne bei Verdauungsbeschwerden, Appetitlosigkeit und Schlaflosigkeit eingesetzt.

Pfefferminze ist erfrischend-kühlend, wirkt magenberuhigend und lindert zudem Kopfschmerzen. Die Blätter eignen sich im Winter für heiße Tees, im Sommer gebe ich sie gerne zum Aromatisieren in meine Wasserkaraffe, zusammen mit ein paar Blättern Zitronenmelisse.

Rosmarin hat eine blutdrucksteigernde Wirkung (aber hoher Blutdruck wird nicht noch höher). Zur Stärkung der Nerven und bei Erschöpfung ist Rosmarin besonders gut geeignet. Seinen Geschmack entfaltet er erst so richtig, wenn er erhitzt wird. Ich verwende ihn immer sparsam, da er mir schnell zu dominant schmeckt.

Die 10 besten Superfoods, die jeder kennt

Eigentlich wissen und spüren wir es: die starken Zusammenhänge zwischen Ernährung und körperlichem und geistigem Wohlbefinden. Durch das was wir essen, können wir unseren Körper in ein gesundes Gleichgewicht bringen. Also her mit dem Besten! Die so berühmten Superfoods müssen keineswegs exotisch und teuer sein. Hier stelle ich euch meine zehn liebsten Superfoods vor!

Mit vielen wertvollen Mineralien

Die **Avocado** ist wirklich meine Lieblingsfrucht (ja, eine Frucht!), obwohl sie sehr fettreich ist und deshalb als Kalorienbombe gilt. Dabei sind es gesunde Fette, die der Körper auch braucht. Außerdem ist sie reich an Vitaminen, ungesättigten Fettsäuren, Mineralstoffen und essenziellen Aminosäuren, die der Körper nicht selbst bilden kann. Für eine langanhaltende Sättigung sorgen die komplexen Kohlenhydrate, die den Blutzuckerspiegel nur langsam ansteigen lassen. Das Enzym Lipase unterstützt die Fettverbrennung und das Lecithin sorgt für eine bessere Konzentration. Kein Wunder, dass ich die Super-Avocado am liebsten in jedes Gericht reinschnippeln möchte.

Beeren Heidelbeeren, Johannisbeeren und Cranberrys sind die Superfrüchtchen schlechthin: wenig Kalorien, aber jede Menge Power. Die natürlichen Farbstoffe der Beeren, die Polyphenole, wirken sich positiv auf das Herz-Kreislauf-System aus, die Antioxidantien schützen vor freien Radikalen. Dazu kommen allerlei wichtige Mineralstoffe, Vitamin C, Vitamin E und gesunde Ballaststoffe. Außer zum Frühstück liebe ich die süßen Früchte auch im Salat.

Kakao macht gesund & glücklich

Roher **Kakao** in seiner natürlichen ungesüßten Form hilft beim Abnehmen, denn er reduziert den Appetit. Die im Kakao enthaltenen Botenstoffe Serotonin und Dopamin wirken stimmungsaufhellend, balancieren den Gemütszustand aus und verringern das Risiko von Schlaganfall und Herzinfarkt. Roher Kakao und dunkle Schokolade mit einem Kakaogehalt von mindestens 70 % sollen eine blutdrucksenkende Wirkung haben. Wer Angst vor den Kalorien hat, nimmt die entölte und damit kalorienärmere Version.

Kokosöl ist reich an gesättigten Fettsäuren, aber den mittelkettigen Fettsäuren und deshalb trotzdem für unseren Körper gut. Es senkt den Cholesterinspiegel, hat eine entzündungshemmende Wirkung und ist antimikrobiell (innerlich und äußerlich). Kokosöl verwende ich gerne zum Braten und Backen, da es auch bei hohen Temperaturen stabil und hitzebeständig ist. Beim Einkauf achte ich immer darauf, dass es Extra natives Kokosöl aus Bio-Qualität ist und kein raffiniertes, industriell gehärtetes, da dieses dann ungesunde Transfette enthält.

Eiweißlieferant mit einer großen Portion Mineralien

Buchweizen war zu Unrecht ein bisschen in Vergessenheit geraten, dabei ist dieses Pseudogetreide aus der Familie der Knöterichgewächse echt der Knaller: viele Mineralstoffe wie Eisen, Kalium, Magnesium und Kalzium, reichlich Vitamin E, dazu B-Vitamine und Kieselsäure für schöne Haut und Haare. Außerdem ist er ein wichtiger Eiweißlieferant. Das Mehl lässt sich für Kuchen, Pfannkuchen und vieles mehr verwenden.

Hafer steht bei mir wegen seines hohen Anteils an Ballaststoffen, die für eine langanhaltende Sättigung sorgen, ganz oft auf dem Frühstückstisch: in Form von Haferflocken bzw. Porridge. Ich achte hier auch auf die gänzlich glutenfreie Variante. Mit seinem hohen Anteil an Eiweiß, ungesättigten Fettsäuren und einer Menge Mineralstoffen wie Eisen, Magnesium und Zink sowie den Vitaminen B_1 und B_6 ist Hafer ein besonders wertvolles Getreide.

Hirse ist das mineralstoffreichste Getreide, mit einem Eisengehalt der 2–3-mal höher ist, als bei den meisten anderen Getreiden. Der Gehalt an Silizium kräftigt Haare und Fingernägel und sorgt für ein elastisches Bindegewebe. Hirse ist eiweißreich und enthält Vitamin C und Fluor. Sie lässt sich herzhaft oder süß zubereiten und ist somit sehr vielseitig einsetzbar.

Hülsenfrüchte sind dank ihres hohen Eiweißgehaltes in allen Variationen und Farben ein ideales Lebensmittel bei fleischfreier Ernährung. Sie sind reich an Ballaststoffen, ihre komplexen Kohlehydrate lassen den Blutzuckerspiegel nur langsam ansteigen und halten so lange satt. Außerdem haben sie viele Mineralstoffe wie Eisen, Zink, Phosphor und Magnesium sowie nervenstärkende B-Vitamine. Besonders gerne verwende ich sie für Bratlinge aller Art, aber auch im Salat und in der Suppe.

Nervennahrung & Sattmacher in einem

Nüsse lassen dank ihres hohen Anteils an B-Vitaminen die Haut strahlen und sind als Nervennahrung schon lange bekannt, denn sie erhöhen unsere Lernfähigkeit und halten uns so geistig fit. Sie sind reich an Eiweiß, Antioxidantien und Omega-3-Fettsäuren.

Quinoa ist ein Pseudogetreide, das seit einigen Jahren überwiegend die vegetarische und vegane Küche erobert. Kein Wunder, steckt es doch voller Eisen, Zink, Magnesium und Phosphor. Außerdem ist es besonders reich an hochwertigem Eiweiß und enthält alle essenziellen Aminosäuren. Außerdem die seltene Omega-3-Fettsäure Alpha-Linolsäure und jede Menge toller Spurenelementen und Vitamine.

Achtsamkeits-Übungen für Zwischendurch

Mal eine Pause machen, tief Luft holen, ommm ... oft sind wir den ganzen Tag beschäftigt und werden immer müder. Dabei reichen schon kleine Auszeiten, um sich zu erholen. Um ganzheitlich zu entspannen, ist es gut Körper, Kopf und Stimme mit einzubeziehen und ein paar kleine Entspannungsübungen später, ist alles wieder im Lot.

Wartezeit überbrücken:
Mit Yoga für die Finger, auch Pran Mudra genannt: Die Spitzen von Daumen, kleinem Finger und Ringfinger leicht aneinander drücken, die anderen Finger zeigen nach oben. Eine Minute halten und beliebig oft wiederholen.

Tagträumen:
Gerade auf einen Stuhl setzten, Füße nebeneinander stellen, Hände in den Schoß legen und mit geschlossenen Augen auf Gedankenreise gehen: einen Spaziergang am Strand machen und das Rauschen der Wellen hören, im Gras liegen und den Wolken nachschauen. Die tiefe Ruhe spüren ...
Eine kurze Gedankenreise wirkt ähnlich entspannend wie langes Meditieren.

Zwischen Tür und Angel:
Einen Schritt vor eine geöffnete Tür stellen, Füße hüftbreit auseinander und mit beiden Händen rechts und links nach hinten greifen und am Türrahmen festhalten. Tief Einatmen, dann beim Ausatmen den Körper so weit nach vorne lehnen, dass die Arme ganz gestreckt sind. Arme etwas weiter nach oben wandern lassen, in die Dehnung ein paarmal ein- und ausatmen. Langsam die Dehnung auflösen. Das öffnet den Brustraum und hilft bei Anspannung und Beklemmungsgefühlen.

Nervosität und Stress wegsummen:
Ausatmen auf „ssssssss", so richtig schön summen, die Lippen sind dabei leicht geöffnet und die Luft strömt langsam aus. So wird die Atmung beruhigt und das Zwerchfell sanft aktiviert.

Der Frische-Kick:
Aufrecht stehen und mit Daumen und Zeigefinger die Ohrmuscheln massieren, bis sie sich ganz heiß anfühlen. Dann an die Ohrläppchen fassen und für 15 Sekunden sanft nach unten ziehen. Besonders toll im Winter, wenn man aus der Kälte kommt!

Stretching für die Stimme:
Mit einem lauten „Aaaaaahhhh" herzhaft gähnen, den Mund dabei weit aufreißen. Das streckt die Muskeln rund um den Kehlkopf, wo die Stimme gebildet wird.

Mach dich mal locker:
Am besten bei lauter, mitreisender Musik hüpfend und tänzelnd Arme, Schultern und Nacken lockern. Die Hände zu Fäusten machen, vor das Kinn nehmen und nach vorne boxen. Die Arme dabei dicht am Körper lassen. Abwechselnd einen Aufwärtshaken machen und mit den Beinen aus der Hüfte kraftvoll nach vorne treten.

Schnupperpause:
Den Topf mit frischem Basilikum von der Fensterbank holen und zwischendurch kräftig daran schnuppern. Der Duft ist Balsam für die Seele und hilft gegen Stimmungstiefs.

Armdrücken:
Aufrecht sitzen, die rechte Hand liegt zwischen den Schulterblättern, der rechte Ellenbogen zeigt senkrecht zur Decke. Der Hinterkopf berührt den Unterarm. Jetzt die linke Hand von oben auf den Ellenbogen legen und sanft nach unten Richtung Wirbelsäule drücken. Ruhig weiteratmen und einen Moment halten. Mit der anderen Seite wiederholen. Das öffnet und entspannt die Schultern und gibt Raum zum Atmen.

Fingeratmen:
Entspannt aufrecht stehen und die Fingerkuppen der Hände möglichst breitflächig aneinander legen, nicht nur die Fingerspitzen drücken. Zehn Atemzüge durchhalten, den Druck weder zu stark noch zu zart ausüben. Das vertieft die Atmung und gibt so neue Kraft.

Guten Morgen, Frühstück!

Zweierlei Granola

Granola ist die knusprige Variante des Müslis. Macht man es selbst, hat man die Kontrolle über die Qualität und vor allen Dingen: über die Menge des Zuckers! Durch das Rösten im Ofen wird das Granola schön crunchy. Zusammen mit den Trockenfrüchten und den Schokostückchen ist es ein richtiges Seelenfutter.

Für ca. 500 g / Zubereitungszeit: 10 Minuten / Backzeit: 30 Minuten

Hafer-Granola

- 250 g glutenfreie Haferflocken
- 120 g gehackte Mandeln
- 60 g Sonnenblumenkerne
- 80 g Kokosraspel
- 2 TL Zimtpulver
- ½ TL Meersalz
- 100 g Reissirup
- 50 g Kokosöl
- 50 g Kokoschips

1. Den Backofen auf 150 °C Ober-/Unterhitze vorheizen. Haferflocken, Mandeln, Sonnenblumenkerne, Kokosraspel, Zimt und Salz in einer Rührschüssel gut vermischen.

2. Kokosöl in einem kleinen Topf erhitzen, mit dem Sirup verrühren und zu den trockenen Zutaten geben. Gut vermengen, auf einem mit Backpapier ausgelegten Backblech verteilen und 30 Minuten im Ofen rösten. Alle 10 Minuten etwas umrühren. Auskühlen lassen und mit den Kokoschips vermischen.

Für ca. 350 g / Zubereitungszeit: 10 Minuten / Backzeit: 15 Minuten

Quinoa-Granola

- 200 g weiße Quinoa
- 2 EL geschroteter Leinsamen
- 2 EL Körnermischung (s. S. 11)
- 3 EL Ahornsirup
- 2 TL Sonnenblumenöl
- 1 TL Zimtpulver
- ½ TL gemahlener Kardamom
- ½ TL gemahlene Vanille
- 3 TL Carobpulver
- 25 g getrocknete Sauerkirschen (optional)
- 25 g geraspelte Zartbitterschokolade (optional)

1. Quinoa in einem Sieb waschen und trocknen lassen (am besten am Vorabend). Backofen auf 175 °C Ober-/Unterhitze vorheizen. In einer Rührschüssel Quinoa, Leinsamen und die Körnermischung vermengen.

2. Ahornsirup, Öl und Gewürze miteinander verrühren und darübergießen, gut vermengen. Die Masse gleichmäßig und dünn auf einem mit Backpapier ausgelegten Backblech verteilen und 15 Minuten im Backofen auf mittlerer Schiene rösten. Dabei alle 5 Minuten mit einem Löffel verrühren, damit es gleichmäßig braun wird. Auskühlen lassen und mit dem Trockenobst und den Schokostückchen vermischen.

TIPP In einem luftdichten Behälter aufbewahren – so bleibt das Granola knusprig.

BASIC auf Vorrat machen

Porridge
mit Kompott & Zimtzucker

Seit einigen Jahren mache ich mir in der kalten Jahreszeit einen warmen Haferbrei, also Porridge, zum Frühstück. Der wärmt nicht nur schön von innen und macht lange satt, sondern stärkt und energetisiert laut der ayurvedischen Lehre. Den leckersten habe ich zum Frühstück in einem Londoner Hotel gegessen … und zu Hause gleich ausprobiert. Das Geheimnis ist die Reihenfolge bei der Zubereitung und die Banane, aber lest selbst …

Für 1 große Portion oder 2 kleine Portionen / Zubereitungszeit: 10 Minuten

Zutaten

PORRIDGE
250–300 ml Reismilch (je nach gewünschter Cremigkeit)
50 g glutenfreie Haferflocken
1 kleine reife Banane
½ TL Zimtpulver
¼ TL gemahlener Kardamom
1 EL Zimt-Rohrzucker-Mischung (optional)

KOMPOTT
60 g Heidelbeeren
1–2 EL Wasser
1 TL Zitronensaft

TOPPING
1 EL Körnermischung (s. S. 11)

1. Die Reismilch in einem kleinen Topf aufkochen, die Haferflocken dazugeben und die Hitzezufuhr reduzieren. Die Banane schälen, mit einer Gabel zerdrücken, mit Zimt und Kardamon zu den Haferflocken geben und vermengen. Weitere 5 Minuten köcheln lassen.

2. Für das Kompott die Heidelbeeren waschen und mit Wasser und Zitronensaft in einem kleinen Topf unter Rühren erhitzen.

3. Haferbrei in eine Schüssel füllen, Kompott darübergeben, mit der Körnermischung bestreuen, optional mit Zimtzucker süßen und noch warm schmecken lassen!

TIPP Heidelbeeren passen geschmacklich ganz wunderbar zu der Kombination Banane und Zimt. Aber je nach Saison eignen sich auch Pflaumen, Himbeeren oder Kirschen.

SATT-MACHER

Pancakes
mit Banane & frischem Obst

Fluffige kleine Pancakes, die dank der Banane ohne Zucker auskommen. Theoretisch ... Ein bisschen Ahornsirup darüber schmeckt aber zusammen mit frischen Früchten ganz wunderbar.

Für 10–12 kleine Pancakes / Zubereitungszeit: 15 Minuten

Zutaten

PANCAKES
60 g Buchweizenmehl
30 g Kichererbsenmehl
1 TL Backpulver
1 Prise Salz
½ TL Zimtpulver
1 kleine reife Banane
175 ml Reis- oder Mandelmilch
ca. 3 TL Kokosöl

TOPPING
10–12 Erdbeeren
125 g Heidelbeeren oder anderes Obst der Saison

OPTIONAL
Ahornsirup
2 TL Kokosflocken
Zitronenmelisse

1. Mehl, Backpulver, Salz und Zimt in einem Rührbecher vermischen. Die Banane mit einer Gabel zerdrücken, zusammen mit der Milch zu der Mehlmischung geben und alles mit einem Schneebesen gut verquirlen.

2. 1 TL Kokosöl in einer Pfanne erhitzen. Pro Pancake 3 EL Teig in die Pfanne geben und ein paar Minuten backen. Wenn sich der Pancake gut lösen lässt, wenden und von der anderen Seite einige Minuten backen.

3. Obst waschen und putzen, ggf. in kleine Stücke schneiden und auf die Pancakes geben. Optional mit etwas Ahornsirup, Kokosflocken und Zitronenmelisse garnieren.

TIPP Der Teig funktioniert auch ohne Banane und lässt sich dann auch herzhaft z. B. mit Tomatensalsa, Ratatouille oder Ähnlichem kombinieren.

Bunte Smoothies

Smoothies sind kleine vitaminreiche Mahlzeiten zum Trinken. Allerdings bin ich ein Freund von kaubarem Essen, weshalb ich diese leckeren Fruchtgetränke eher als Zwischenmahlzeit bevorzuge.

Ergibt ca. 600 ml / Zubereitungszeit: 10 Minuten

„Ich mach dich schön"-Smoothie (orange)

1 Banane
200 g Honigmelone
200 g Papaya
125 ml Zitronensaft

Alle Zutaten schälen, zerkleinern und mit dem Zitronensaft in den Mixer geben. Zu einem cremigen Smoothie mixen, ggf. 125 ml Wasser dazugeben.

Ergibt ca. 500 ml / Zubereitungszeit: 10 Minuten

„Ich mach dich stark"-Smoothie (grün)

2 cm Ingwer
2 Orangen
1 Handvoll Babyspinat
1 Handvoll Petersilie
Saft von 1 Zitrone

Ingwer und Orangen schälen, Spinat und Petersilie waschen. Alles zusammen mit dem Zitronensaft in den Mixer geben und zu einem cremigen Smoothie mixen, ggf. 125 ml Wasser dazugeben.

Ergibt ca. 700 ml / Zubereitungszeit: 10 Minuten

„Ich geb dir Energie"-Smoothie (rosa)

1 Orange
½ Ananas (300 g)
50 g Erdbeeren
50 g Beerenmischung (TK oder frisch)

Orange und Ananas schälen, Beeren waschen. Alles zusammen in den Mixer geben und zu einem cremigen Smoothie mixen, ggf. 125 ml Wasser dazugeben.

TIPP Nur die Hälfte des „Ich mach dich schön"-Smoothies trinken und die andere Hälfte über Nacht im Kühlschrank lassen. Dank des Pektins verfestigt sich der Smoothie und lässt sich dann zum Frühstück oder als Dessert löffeln – am besten mit einem Topping aus frischen Beeren, Körnern oder Kokosraspeln.

Knuspriges Körnerbrot
mit Mandeln & Chiasamen

„Life changing Bread" wird es gerne genannt, das erste völlig mehlfreie Brot, vollgestopft mit Saaten und Körnern. Naja, mein Leben hat es nicht gerade verändert, aber es ist eine echte Alternative zu den glutenfreien, oft faden Broten, die es fertig zu kaufen gibt. Muss ich noch sagen, dass ich es wirklich sehr, sehr lecker finde? Und dass es so einfach und schnell zu machen ist?

Für 1 Kastenform (20 cm) / Zubereitungszeit: 25 Minuten / Quellzeit: 30 Minuten / Backzeit: 50 Minuten

Zutaten

TROCKENE ZUTATEN
140 g glutenfreie Haferflocken
125 g Sonnenblumenkerne
100 g Leinsamen
60 g Mandeln
2 EL Chiasamen
4 EL Flohsamenschalen
1 TL Salz
10 schwarze Oliven (optional)
5 getrocknete Tomaten (optional)

FLÜSSIGE ZUTATEN
3 EL geschmolzenes Kokosöl
1 EL Ahornsirup
320 ml Wasser

1. Alle trockenen Zutaten in eine große Schüssel geben und vermengen. Alle flüssigen Zutaten in einer zweiten Schüssel vermengen. Trockene Zutaten zu den flüssigen geben, erst gut verrühren, dann durchkneten. Optional Oliven und klein geschnittene getrocknete Tomaten dazugeben.

2. Den Teig in eine mit Backpapier ausgelegte Kastenform geben und 30 Minuten quellen lassen.

3. Den Backofen auf 175 °C Ober-/Unterhitze vorheizen. Das Brot 30 Minuten auf der mittleren Schiene backen, dann aus dem Ofen nehmen und mit Topfhandschuhen vorsichtig mit dem Backpapier aus der Form nehmen.

4. Auf ein Backblech legen, das Backpapier entfernen und das Brot weitere 20 Minuten backen. Herausnehmen und auskühlen lassen.

 Das Brot hält sich etwa 4–5 Tage, wird aber zusehends feuchter und damit etwas krümeliger.

Dazu passen die drei leckeren Aufstriche auf der nächsten Seite

Dreierlei Aufstriche

Brotaufstriche lassen sich ganz schnell selbst machen und schmecken hervorragend zu dem Körnerbrot auf Seite 28 oder den Crackern auf Seite 139. Ich mache oft die doppelte Menge und bringe sie dann, hübsch in ein Einweckglas gepackt, als Dip oder Aufstrich zu Grilleinladungen oder zum Frühstück mit.

Für ca. 200 g / Zubereitungszeit: 10 Minuten

Bohnen-Rote-Bete-Humus (rosa)

100 g gegarte Rote Bete
1 kleine Knoblauchzehe
2 EL Zitronensaft
100 g gegarte weiße Bohnen
1 TL weißes Tahin (optional)
1 Prise Chilipulver
Salz, frisch gemahlener schwarzer Pfeffer

Rote Bete grob würfeln, Knoblauchzehe abziehen und grob zerteilen. Zusammen mit den restlichen Zutaten in einen Mixer geben und fein pürieren. Mit Salz, Pfeffer und ggf. etwas mehr Chili abschmecken.

Für ca. 200 g / Zubereitungszeit: 10 Minuten

Klassische Guacamole (grün)

1 große reife Avocado
Saft von ½ Zitrone
1 EL Olivenöl
Salz, frisch gemahlener schwarzer Pfeffer

Avocado halbieren, den Stein entfernen, das Fruchtfleisch auslösen und zusammen mit den restlichen Zutaten im Mixer pürieren. Mit Salz und Pfeffer abschmecken.

Für ca. 200 g / Zubereitungszeit: 10 Minuten

Tomatenaufstrich (orange)

120 g frische Tomaten
50 g in Öl eingelegte getrocknete Tomaten
3 getrocknete Datteln
1 Frühlingszwiebel
50 g Sonnenblumenkerne
1 EL Sonnenblumenöl
Salz, frisch gemahlener schwarzer Pfeffer, getrockneter Oregano

Tomaten waschen und klein schneiden, getrocknete Tomaten und Datteln in Streifen schneiden, Frühlingszwiebel putzen und in feine Ringe schneiden. Zusammen mit den restlichen Zutaten in einen Mixer geben und fein pürieren. Mit Salz, Pfeffer und Oregano abschmecken.

 **TIPP** Alle Aufstriche in Gläser abfüllen und im Kühlschrank aufbewahren. Sie halten sich mehrere Tage. Wenn ich frische Rote Bete verwende, wickle ich sie in Alufolie und gare sie mit dem Brot von Seite 28 im Ofen.

Knackiger Spargel
mit Erdbeeren, Erbsen & Bohnen

Ich gebe es zu, bei dieser Kombination habe ich mich am Marktstand von den Farben verführen lassen! Das knallige Rot der Erdbeeren und das frische Grün der Erbsen sehen fantastisch zu Spargel und weißen Bohnen aus. Das schreit einfach nach Frühling!

Für 2 Portionen / Zubereitungszeit: 35 Minuten

Zutaten

SALAT
300 g weißer Spargel
2 Handvoll frische Erbsenschoten (alternativ TK-Erbsen)
240 g weiße Bohnen (Abtropfgewicht)
4–6 Erdbeeren

DRESSING
3 EL Rapsöl
1 EL Ahornsirup
2 EL dunkler Balsamico
Salz, frisch gemahlener schwarzer Pfeffer
3–4 Stiele glatte Petersilie

1. Spargel schälen und bissfest garen. Erbsenschoten in heißem Wasser kochen, bis sie aufplatzen, dann kalt abschrecken und Erbsen auslösen. Bohnen in einem Sieb abbrausen.

2. Alles auf zwei Tellern anrichten. Erdbeeren putzen, vierteln und dazugeben.

3. Rapsöl, Ahornsirup und Balsamico verrühren, mit Salz und Pfeffer abschmecken und über den Salat geben. Vermengen und 10 Minuten durchziehen lassen. Die Petersilie von den Stielen zupfen, nach Geschmack grob hacken und über den Salat geben.

 **TIPP** Den Spargel gebe ich mit zwei fingerbreit kochendem Wasser in eine große Pfanne mit Deckel und gare den Spargel darin ca. 15 Minuten. Verbraucht weniger Wasser und ist daher auch etwas schneller, da ja viel weniger Wasser heiß werden und bleiben muss.

Rucolasalat
mit Pfirsich & Nüssen

Die Kombination Salat mit Obst ist für mich einfach unschlagbar! Je nach Saison finden sich die schönsten Zusammenstellungen, die auch noch gut aussehen. On top kommen bei mir gerne noch Nüsse, Körner und die verschiedensten Kräuter.

Für 2 Portionen / Zubereitungszeit: 25 Minuten

Zutaten

SALAT
60 g Rucola
½ Avocado
1 Pfirsich
2 Handvoll Heidelbeeren
3 EL Granatapfelkerne
50 g gehackte Mandeln

DRESSING
Saft von ½ Limette
2 TL Ahornsirup
2 TL Reisessig
6 TL Olivenöl
Salz, frisch gemahlener schwarzer Pfeffer

Shisokresse zum Dekorieren

1. Rucola waschen und trocken schleudern, auf zwei Teller verteilen. Avocado halbieren, schälen, den Stein entfernen und das Fruchtfleisch in Spalten schneiden. Pfirsich waschen, entsteinen und ebenfalls in Spalten schneiden. Avocado und Pfirsich auf dem Salatbett anrichten.

2. Heidelbeeren waschen und mit den Granatapfelkernen und den Mandeln darüberstreuen.

3. Dressing anrühren, darübergießen und etwa 10 Minuten durchziehen lassen. Mit der Kresse dekorieren und ... schmecken lassen!

 **TIPP** Wenn es gerade keine Pfirsiche gibt, dann passen auch Äpfel, Orangen oder Birnen gut zu dem Salat.

Süßkartoffelsalat
mit Granatapfelkernen & Koriander

TO GO super zum Mitnehmen

Diesen Salat habe ich das erste Mal in der Salatbar meiner Lieblingssuppenküche entdeckt und war gleich begeistert von der Kombination der mehligen Süßkartoffel mit den fruchtigen Granatapfelkernen. Bei mir gibt es noch ein bisschen exotischen Koriander dazu.

Für 2 Portionen / Zubereitungszeit: 25 Minuten / Backzeit: ca. 30 Minuten

Zutaten

2 Süßkartoffeln (ca. 600 g)
2 EL Olivenöl
3–4 Stiele Koriander
4 EL Granatapfelkerne
Salz, frisch gemahlener schwarzer Pfeffer

1. Den Backofen auf 180 °C Ober-/Unterhitze vorheizen. Die Süßkartoffeln schälen und in ca. 2 cm große Würfel schneiden. Auf ein mit Backpapier ausgelegtes Backblech geben, mit dem Öl beträufeln und gut vermischen.

2. Im Ofen ca. 30 Minuten backen, zwischendurch umrühren, damit die Süßkartoffeln gleichmäßig garen.

3. Die fertig gegarten Süßkartoffeln aus dem Ofen nehmen und auskühlen lassen. Koriander waschen, trocken schütteln und die Blättchen von den Stielen zupfen. Süßkartoffeln, Koriander und Granatapfelkerne in einer Schüssel mischen und mit Salz und Pfeffer abschmecken … fertig!

TIPP Der Salat lässt sich sehr gut, in ein Schraubglas verpackt, mitnehmen. Dann aber den Koriander am besten erst kurz vor dem Essen dazugeben.

Herbstlicher Rübensalat
mit Petersilie & Orangendressing

Erdig trifft fruchtig. Das ist wohl die beste Beschreibung für diese nährstoffreiche Kombination. Und dazwischen die Vitamin-C-reiche Petersilie, die das Ganze verbindet.

Für 2 Portionen als Hauptmahlzeit oder für 4 Portionen als Vorspeise oder Beilage / Zubereitungszeit: 25 Minuten
Backzeit: 50–60 Minuten

Zutaten

SALAT
2 Rote Bete
2 Herbstrüben
½ Bund glatte Petersilie
1 Bio-Orange
4 EL Granatapfelkerne

DRESSING
4 EL Olivenöl
2 EL dunkler Balsamico
1 EL Agavendicksaft
Salz, frisch gemahlener schwarzer Pfeffer

1. Backofen auf 200 °C Ober-/Unterhitze vorheizen. Beten und Rüben mit einer Gabel einstechen, in eine kleine Auflaufform geben und mit Alufolie abdecken. Nun auf der mittleren Schiene im Backofen 50–60 Minuten backen. Aus dem Ofen nehmen und abkühlen lassen.

2. Die Petersilie waschen, trocken schütteln und grob hacken. Die Orange halbieren, die eine Hälfte auspressen und für das Dressing beiseitestellen. Die andere Hälfte der Orange schälen und filetieren, dann in kleine Stücke schneiden.

3. Die Beten und Rüben schälen, in feine Scheiben schneiden und auf Tellern anrichten, mit Petersilie bestreuen.

4. Alle Zutaten für das Dressing mit dem beiseitegestellten Orangensaft vermengen und über die Rüben gießen. Die Orangenstückchen und Granatapfelkerne darauf verteilen und servieren.

TIPP Da ich nicht gerne für zwei Rote Bete den Backofen anmache, backe ich noch ein Körnerbrot mit (s. S. 28) oder ein paar Süßkartoffeln (s. S. 102) oder einfach ein paar mehr Rote Bete für den Kohlrabi-Rüben-Salat (s. S. 55).

Die unscheinbare Petersilie liefert reichlich Vitamin C und Folsäure

Orangen sind regelrechte Vitamin-C-Bomben

Dank des Farbstoffs Betanin hat die Rote Bete antioxidative Eigenschaften und stärkt unser Immunsystem

Gebackene Auberginen
mit Cashewcreme & Petersilie

Als ich das erste Mal Auberginen im Backofen gebacken habe, war ich erstaunt, wie schnell das geht. Eine leckere Hauptmahlzeit ist so ruckzuck zubereitet. Die Auberginen lassen sich auch gut für eine große Vorspeisenplatte herrichten. Dann die Cashewcreme auf die einzelnen Scheiben geben, Granatapfelkerne und Petersilie darüberstreuen.

Für 2 Portionen als Hauptmahlzeit oder für 4 Portionen als Vorspeise oder Beilage / Zubereitungszeit: 25 Minuten
Einweichzeit: mindestens 2 Stunden, besser über Nacht / Backzeit: 5–10 Minuten

Zutaten

ca. 70 g Cashewkerne
2 TL frischer Zitronensaft
1 TL Apfelessig
Kräutersalz, frisch gemahlener schwarzer Pfeffer
2 mittelgroße Auberginen (ca. 600 g)
Olivenöl
½ Bund glatte Petersilie
½ Tasse Granatapfelkerne

1. Cashewkerne in eine kleine Schüssel geben und gut mit Wasser bedecken. Mindestens 2 Stunden einweichen, dann das Einweichwasser abgießen. Die Cashews mit Zitronensaft und Essig pürieren. So viel frisches Wasser dazugeben, bis die gewünschte Konsistenz erreicht ist. Mit Salz und Pfeffer abschmecken.

2. Backofen auf 180 °C Ober-/Unterhitze vorheizen. Auberginen waschen und in 1 cm dicke Scheiben schneiden. Ein großes Backblech mit Olivenöl einpinseln, die Scheiben darauf verteilen, die Oberseiten auch mit Öl einpinseln. Im Ofen 5–10 Minuten backen, bis sie gar sind. Herausnehmen und auf Küchenpapier etwas abtropfen lassen.

3. Petersilie waschen, trocken schütteln und klein hacken. Auberginenscheiben auf zwei Teller verteilen, einen großen Klecks Cashewcreme in die Mitte geben, Petersilie und Granatapfelkerne darüberstreuen, noch einmal salzen und pfeffern.

TIPP Für dieses Gericht die Cashewkerne ein paar Stunden vorher (besser: am Vorabend) einweichen. Dann geht der Rest sehr schnell.

Salate

Quinoasalat
mit Avocado & zitronigem Dressing

Ein richtiges Eiweiß-Power-Paket! Dank Quinoa und der schwarzen Bohnen bringt dieser Salat reichlich grünes Eiweiß, dazu noch ein paar gesunde Fettsäuren durch die Avocado. Darüber ein zitroniges Dressing … und fertig ist ein gesunder und leckerer Salat!

Für 2 Portionen als Hauptmahlzeit oder für 4 Portionen als Vorspeise oder Beilage / Zubereitungszeit: 20 Minuten / Kochzeit: 15 Minuten

Zutaten

SALAT
200 g weiße Quinoa
ca. 500 ml Gemüsebrühe (s. S. 10)
425 g schwarze Bohnen (Abtropfgewicht)
½ Tasse Mais
3–4 Stiele Koriander
½ Packung Pflücksalat (ca. 60 g)
1 Avocado

DRESSING
Saft von 1 Zitrone
3 TL Olivenöl
3 TL Reisessig
Salz, frisch gemahlener schwarzer Pfeffer
Chilipulver

1. Quinoa nach Packungsangabe in der Gemüsebrühe garen und ausquellen lassen. Zum Abkühlen in eine große Schüssel geben und mit einer Gabel auflockern.

2. Die Bohnen in ein Sieb geben, gut abspülen und abtropfen lassen. Zusammen mit dem Mais unter die Quinoa mischen. Koriander waschen, trocken schütteln, klein schneiden und ebenfalls untermischen.

3. Die Zutaten für das Dressing gut verrühren, zum Salat geben und unterrühren. Im Kühlschrank 1–2 Stunden durchziehen lassen.

4. Pflücksalat waschen, schleudern und auf Teller geben. Quinoa auf dem Salat verteilen. Avocado halbieren, schälen, den Stein entfernen, das Fruchtfleisch in Spalten schneiden und auf dem Salat anrichten.

 **TIPP** Quinoa lässt sich so vielfältig verwenden. Und auch hier gebe ich gerne den Tipp, die Quinoa einfach schon am Vorabend zu kochen, dann geht's am nächsten Tag super schnell.

Rotkohlsalat
mit Walnüssen, Rosinen & Orangen

Rotkohl kennen ja die meisten so ganz klassisch zu Braten und Klößen. Dabei eignet er sich hervorragend für einen vitaminreichen Wintersalat, lässt sich gut vorbereiten und schmeckt umso besser, je länger er durchziehen kann.

Für 2 Portionen als Hauptmahlzeit oder für 4 Portionen als Vorspeise oder Beilage / Zubereitungszeit: 25 Minuten

Zutaten

SALAT
500 g Rotkohl
1 TL Rohrzucker
1 TL Salz
1 Orange
2 EL Rosinen

DRESSING
2 TL Olivenöl
2 TL weißer Balsamico
1 TL Ahornsirup
Saft von ½ Zitrone
1 Prise Zimtpulver
Salz, frisch gemahlener schwarzer Pfeffer

TOPPING
50 g Walnusskerne

1. Rotkohl putzen und in feine Streifen schneiden oder hobeln. In eine große Schüssel geben, Zucker und Salz dazugeben und mit den Händen kräftig durchkneten.

2. Orange schälen und in kleine Stückchen schneiden, mit den Rosinen unter den Rotkohl mischen.

3. Für das Dressing sämtliche Zutaten verrühren, mit Salz und Pfeffer abschmecken und über den Rotkohl geben. Gut vermengen und mindestens 2–3 Stunden gut durchziehen lassen. Walnüsse grob hacken und zum Servieren auf dem Salat anrichten.

TIPP Den Rotkohl schneide ich am Vortag und lasse ihn mit dem Dressing über Nacht durchziehen. Nicht vergessen: vorher kräftig durchkneten. Statt Orangen passen auch gut Birnen oder Äpfel dazu.

TO GO super zum Mitnehmen

Linsensalat
mit Herbstrübchen & Granatapfelkernen

Ein Gericht, das sich durch gute Vorplanung schnell zubereiten lässt. Die Linsen koche ich gerne am Vortag. Und zu den Rüben im Backofen packe ich z. B. noch ein paar Auberginen (Rezept für gebackene Auberginen auf Seite 43 oder 97).

Für 2 Portionen als Hauptmahlzeit oder für 4 Portionen als Vorspeise oder Beilage / Zubereitungszeit: 25 Minuten
Back- und Kochzeit: ca. 50 Minuten

Zutaten

SALAT
4 Herbstrüben
3 Karotten (z. B. Purple Haze)
150 g braune Linsen
400 ml Gemüsebrühe (s. S. 10)
2 Handvoll Feldsalat

DRESSING
2 TL Olivenöl
2 TL dunkler Balsamico
1 TL Ahornsirup
Saft von ½ Orange
Salz, frisch gemahlener schwarzer Pfeffer

TOPPING
4 EL Granatapfelkerne
2 EL Körnermischung (s. S. 11)

1. Den Backofen auf 180 °C Ober-/Unterhitze vorheizen. Rüben und Karotten putzen, in eine kleine Auflaufform geben und mit Alufolie bedecken. Im Ofen ca. 30 Minuten auf der mittleren Schiene bissfest garen. Die Linsen waschen und in der Gemüsebrühe bissfest garen, Brühe abgießen, Linsen beiseitestellen.

2. Rüben schälen und in feine Scheiben schneiden, die Karotten ebenfalls in dünne Scheiben schneiden. Feldsalat putzen, waschen und schleudern. Den Salat auf den Teller verteilen, Rüben, Karotten und Linsen darauf anrichten.

3. Für das Dressing sämtliche Zutaten verrühren, mit Salz und Pfeffer abschmecken und über den Salat geben. Granatapfelkerne darauf verteilen und mit dem Körnermischung bestreuen.

TIPP Gleich 400 g Linsen kochen und am nächsten Tag den Linsen-Salat von Seite 52 machen.

Salat-Wraps
mit Tomatensalsa & Avocadocreme

Warum denn nicht mal Salatblätter statt Tortillas mit allerlei füllen? Ich habe mich für getrocknete Tomaten, Paprika und Pilze entschieden. Als Sättigungsbeilage etwas Hirse und damit's besser rutscht, eine leckere Avocadocreme.

Für 10–12 Salatblätter / Zubereitungszeit: 25 Minuten

Zutaten

WRAPS
125 g Hirse
250 ml Gemüsebrühe (s. S. 10)
10–12 große Salatblätter

AVOCADOCREME
½ Avocado
Saft von 1 Zitrone
60 g Sonnenblumenkerne
Salz, frisch gemahlener schwarzer Pfeffer

SALSA
1 Frühlingszwiebel
4 braune Champignons
2 Kirschtomaten
4 getrocknete Tomaten
½ gelbe Paprika
3 Walnusskerne
1 Handvoll Heidelbeeren
1 Handvoll Sprossen
Salz, frisch gemahlener schwarzer Pfeffer

1. Hirse waschen und in der Gemüsebrühe köcheln lassen. Wenn sich Schlote bilden, den Topf vom Herd nehmen, mit dem Deckel verschließen und ausquellen lassen. Dabei ab und zu mit der Gabel auflockern.

2. Avocado halbieren, schälen, den Stein entfernen und das Fruchtfleisch grob zerteilen. Avocado mit Zitronensaft und Sonnenblumenkernen in den Mixer geben. So lange mixen, bis eine cremige Masse entsteht, bei Bedarf etwas Wasser zugeben. Mit Salz und Pfeffer abschmecken.

3. Frühlingszwiebel, Pilze, Tomaten und getrocknete Tomaten fein würfeln. Paprika waschen, halbieren, das Kerngehäuse entfernen und das Fruchtfleisch ebenfalls fein würfeln. Walnüsse fein hacken.

4. Frühlingszwiebeln, Pilze, Tomaten und getrocknete Tomaten sowie Paprika, Walnüsse, Heidelbeeren und Sprossen in eine Schüssel geben, gut durchmischen und mit Salz und Pfeffer abschmecken.

5. Salatblätter waschen und trocken schleudern. Zuerst 1 EL Hirse, dann 1–2 EL Salsa und zu guter Letzt einen Klecks der Avocadocreme daraufgeben. Blätter zusammenklappen und ... schmecken lassen!

TIPP Die Füllung der Größe der Salatblätter anpassen. Große Wraps müssen mit Messer und Gabel erledigt werden.

TO GO
super zum Mitnehmen

Linsensalat
mit frischer Mango & Zitronenmelisse

Die Süße der weichen Mango passt einfach wunderbar zu dem nussigen Geschmack der braunen Linsen. Und zur besseren Bekömmlichkeit wird ordentlich mit Kreuzkümmel gewürzt, abgerundet wird das Aroma mit Zitronenmelisse und roten Zwiebeln.

Für 2 Portionen als Hauptmahlzeit oder für 4 Portionen als Vorspeise oder Beilage / Zubereitungszeit: 20 Minuten
Kochzeit: ca. 30 Minuten

Zutaten

SALAT
250 g braune Linsen
650 ml Gemüsebrühe (s. S. 10)
½ rote Zwiebel
½ rote Paprika
1 reife Mango
2–3 Stiele Zitronenmelisse

DRESSING
3 EL Olivenöl
2 EL weißer Balsamico
Saft von ½ Zitrone
Salz, frisch gemahlener schwarzer Pfeffer
gemahlener Kreuzkümmel

1. Linsen waschen und 30 Minuten in der Gemüsebrühe bissfest garen. Wasser abschütten, die Linsen kalt abspülen und in eine große Schüssel geben.

2. Zwiebel in kleine, feine Stückchen schneiden. Paprika waschen, halbieren und das Kerngehäuse entfernen, das Fruchtfleisch ebenfalls in kleine Würfeln schneiden.

3. Mango schälen, den Stein entfernen und das Fruchtfleisch in mundgerechte Würfel schneiden. Zitronenmelisse waschen, trocken tupfen und die Blättchen von den Stielen zupfen. Fünf bis sechs Blättchen für die Deko beiseitelegen. Die restlichen Blättchen in feine Streifen schneiden.

4. Zwiebel, Paprika und die Hälfte der Mango mit den Linsen vermengen, die Zitronenmelissestreifen unterrühren.

5. Die restliche Mango mit den Zutaten für das Dressing zu einer sämigen Sauce mixen, mit Salz, Pfeffer und Kreuzkümmel abschmecken und über den Salat geben. Alles gut vermengen und idealerweise 2–3 Stunden durchziehen lassen.

TIPP Die Linsen schon am Vorabend kochen und abkühlen lassen. Das lässt sich gut nebenbei erledigen und am nächsten Tag geht der Salat umso schneller (oder gleich mehr Linsen kochen und den Salat von Seite 48 mitmachen).

Spicy Kohlrabi-Rüben-Salat
mit frischem Koriander

Einer meiner Lieblingssalate! Er ist im Sommer ideal zum Mitnehmen, und wenn er über Nacht durchzieht, schmeckt er umso besser. Manchmal mache ich auch gleich die dreifache Menge und bringe ihn bei Einladungen zu Sommerfesten mit.

Für 2 Portionen als Hauptmahlzeit oder für 4 Portionen als Vorspeise oder Beilage / Zubereitungszeit: 15 Minuten / Ziehzeit: 20 Minuten

Zutaten

SALAT
1 kleine Rote Bete
½ kleiner Kohlrabi
4 Karotten
1 kleiner Apfel

DRESSING
4 EL Olivenöl
Saft von ½ Zitrone
1 TL Agavendicksaft
1 Prise Cayennepfeffer
Salz, frisch gemahlener schwarzer Pfeffer

TOPPING
1 Handvoll Korianderblätter
1 Handvoll Radieschensprossen
1 EL Körnermischung (s. S. 11, alternativ 2 EL geröstete Erdnüsse)

1. Rote Bete, Kohlrabi, Karotten und Apfel schälen, klein raspeln und auf Teller verteilen.

2. Sämtliche Zutaten für das Dressing mit 3 EL Wasssser verrühren und über das geraspelte Gemüse gießen. Gut vermengen und mindestens 20 Minuten ziehen lassen.

3. Koriander waschen, trocken tupfen und zusammen mit den Sprossen und den Körnern über den Salat streuen. Schmecken lassen.

TIPP Zeit sparen? Dann den Salat am Vorabend vorbereiten und das Dressing darübergießen. Am nächsten Tag in einem Schraubglas mit ins Büro oder (besser noch) an den See nehmen! Kräuter und Körner extra einpacken und vor dem Essen darüberstreuen.

Salat im Glas
mit Quinoa, Beeren & Sprossen

Man nehme: Ein großes Glas, Gemüse, Obst, Körner, Sprossen und ein lecker-scharfes Dressing ... fertig ist das Mittagessen to go. Das Schöne ist, dass sich alles, was gerade da ist, beliebig mischen lässt: das Lieblingsgemüse, das Obst der Saison und alles, was knuspert und/oder gesund ist.

Für 2 Portionen als Hauptmahlzeit / Zubereitungszeit: 20 Minuten / Kochzeit: 15–20 Minuten

Zutaten

SALAT
100 g rote Quinoa
250 ml Gemüsebrühe (s. S. 10)
2 Handvoll Salatblätter
4 Datteltomaten
4 Erdbeeren
4 Aprikosen
¼ Gurke

DRESSING
3 EL Olivenöl
2 EL weißer Balsamico
2 TL Agavendicksaft
1 TL scharfer Senf
Salz, frisch gemahlener schwarzer Pfeffer

TOPPING
2 Handvoll Radieschensprossen
2 EL Mandeln

1. Quinoa nach Packungsangabe in der Gemüsebrühe garen und ausquellen lassen. Zum Abkühlen in eine große Schüssel geben und mit einer Gabel auflockern. Salat waschen und trocken schleudern. Tomaten, Erdbeeren und Aprikosen waschen und vierteln. Gurke waschen und in Scheiben schneiden.

2. Sämtliche Zutaten für das Dressing gut verrühren und separat in ein kleines Schraubglas gießen. Mandeln grob hacken und in einer kleinen Pfanne bei mittlerer Hitze 5 Minuten trocken rösten, gelegentlich umrühren.

3. Zuerst Quinoa in ein großes Glas geben (mindestens 500 ml, damit der Salat sich gut vermengen lässt), dann Salat, Tomaten, wieder Salat, Erdbeeren, Aprikosen, Sprossen und Mandeln darübergeben. Kurz vor dem Essen mit dem Dressing übergießen, das Glas verschließen und gut schütteln: fertig!

Auch hier koche ich gleich etwas mehr Quinoa und habe so eine gesunde Sättigungsbeilage für z. B. die Salat-Wraps auf Seite 51. Oder ich mische die Quinoa unter den Rucolasalat von Seite 36.

Topping aus Sprossen, Nüssen, Samen oder Keimen

Dressing seperat verpacken

Obst, wie Erdbeeren, Aprikosen, Äpfel, Beeren oder Birnen

noch einmal Salat

Gemüse wie Tomaten oder Gurken

Salat

Kohlenhydrate wie Quinoa, Hirse, Reis oder Kartoffeln

Bunter Tomatensalat
mit süßer Melone & Pflaumen

Erfreulicherweise gibt es wieder mehr Vielfalt im Gemüseregal. Vielerorts tauchen alte Gemüsesorten auf, gerade bei den Tomaten: Eiertomaten, Fleischtomaten, Ochsenherz, Kirschtomaten und und und. Dann noch Melone und Pflaume dazu und fertig ist der leichte Sommersalat.

Für 2 Portionen als Hauptmahlzeit / Zubereitungszeit: 20 Minuten

Zutaten

SALAT
1 kg bunte Tomaten
2 Handvoll Johannisbeeren
2 Aprikosen
2 Pflaumen
1 kleines Stück Wassermelone
1 Frühlingszwiebel
1 Handvoll Basilikumblätter

DRESSING
4 EL Olivenöl
2 EL dunkler Balsamico
2 TL Agavendicksaft
Salz, frisch gemahlener schwarzer Pfeffer

TOPPING
2 EL schwarze Sesamsaat
2 EL helle Sesamsaat

1. Tomaten waschen, die kleinen halbieren, die großen in Scheiben schneiden und auf zwei Teller verteilen. Das Obst waschen, Johannisbeeren von den Rispen lösen, Aprikosen und Pflaumen halbieren, entsteinen und in feine Spalten schneiden, Melone in kleine Würfel schneiden.

2. Frühlingszwiebel putzen und in feine Ringe schneiden. Basilikumblätter waschen und trocken tupfen. Alles auf den Tomaten verteilen.

3. Sämtliche Zutaten für das Dressing verrühren und über den Salat gießen. Mit Sesamsaat anrichten.

 Statt Melonen und Pflaumen passen auch gut Beeren oder Aprikosen dazu.

Bunter All-inclusive-Salat

Bei diesem Salat ist alles drin:
frisches Grün, süße Früchte, cremige Avocado, knackige Körner und Sprossen.
Mit den roten Linsen kommt noch eine gute Portion Eiweiß dazu, die uns länger sättigt,
besonders, wenn der Salat als Hauptgericht gegessen wird.

Für 2 Portionen als Hauptmahlzeit oder für 4 Portionen als Vorspeise oder Beilage / Zubereitungszeit: 20 Minuten / Kochzeit: 7 Minuten

Zutaten

SALAT
100 g rote Linsen
200 ml Gemüsebrühe (s. S. 10)
2 Handvoll Salat (Lollo rosso oder Pflücksalat)
1 Avocado
2 Aprikosen
4 Erdbeeren
6 Brombeeren

DRESSING
3 EL Olivenöl
2 EL dunkler Balsamico
2 EL Agavendicksaft
Saft von ½ Zitrone
Salz, frisch gemahlener schwarzer Pfeffer

TOPPING
1 Handvoll Sprossen
1 TL helle Sesamsaat
1 TL schwarze Sesamsaat
1 EL Körnermischung (s. S. 11)

1. Linsen in der Gemüsebrühe ca. 7 Minuten bissfest garen, Brühe abschütten und die Linsen beiseitestellen.

2. Salat waschen, trocken schleudern und auf Teller verteilen. Avocado halbieren, schälen, den Stein entfernen und das Fruchtfleisch in Spalten schneiden. Aprikosen waschen, Beeren putzen, alles vierteln.

3. Sämtliche Zutaten für das Dressing gut verrühren, mit Salz und Pfeffer abschmecken. Avocado, Früchte, Sprossen, Sesam und Körner schön auf dem Salat anrichten und das Dressing darübergießen.

TIPP Gleich 250 g Linsen kochen und die Linsenplätzchen von Seite 109 zubereiten, der Salat passt dazu als Beilage.

Heiß geliebte Suppen

Scharfe Karottensuppe
mit Erdnuss-Kokos-Crunch

Für Karottensuppen gibt es so viele Rezepte – aber dieses ist besonders und durch die angenehme Schärfe von Chili und Ingwer und der Süße von Karotte und Kokosmilch ein ideales Wintersüppchen. Das leckere Topping macht nicht nur optisch etwas her, sondern gibt dank gerösteter Erdnüsse und Kokoschips noch den richtigen Biss.

Für 4 Portionen / Zubereitungszeit: 35 Minuten

Zutaten

SUPPE
1 kleine Lauchstange
½ Zwiebel
2 Knoblauchzehen
1 kleine getrocknete Chilischote
20 g Ingwer
500 g Karotten
1 große Kartoffel
3 EL Erdnuss- oder Kokosöl
je ½ TL gemahlener Koriander, Kreuzkümmel und Kurkuma
800 ml Gemüsebrühe (s. S. 10)
300 ml Kokosmilch
Salz, frisch gemahlener schwarzer Pfeffer

TOPPING
100 g geschälte Erdnüsse
3 EL Kokoschips
1 EL Erdnuss- oder Kokosöl
Kräutersalz
1 Handvoll Petersilienblätter

ERDNUSS-SCHAUM
125 ml Pflanzenmilch (z. B. Reismilch)
2 EL Erdnussmus
frisch gemahlener schwarzer Pfeffer

1. Lauch putzen und in Ringe schneiden, Zwiebel und Knoblauch fein hacken. Chili mit den Samen fein würfeln. Den Ingwer schälen und fein hacken. Karotten putzen und in mundgerechte Stücke schneiden. Kartoffel schälen und würfeln.

2. Das Öl in einem Topf erhitzen und Lauch, Zwiebeln und Knoblauch darin andünsten. Chili und Ingwer dazugeben und kurz mitdünsten. Gewürze dazugeben und unterrühren. Karotten und Kartoffeln hineingeben und die Brühe angießen. Aufkochen, die Hitzezufuhr reduzieren und ca. 20 Minuten köcheln lassen, bis die Karotten weich sind.

3. In der Zwischenzeit für das Topping Erdnüsse und Kokoschips in einer Pfanne mit dem Öl unter Rühren goldbraun werden lassen, mit Kräutersalz würzen. Für den Schaum die Pflanzenmilch in einen kleinen Topf geben, Erdnussmus dazugeben und während des Erhitzens gut verrühren.

4. Die Suppe pürieren und Kokosmilch dazugeben. Je nach gewünschter Konsistenz noch etwas Wasser dazugeben und kurz mixen. Mit Salz und Pfeffer abschmecken. Die Erdnussmilch mit dem Pürierstab schön aufschäumen. Suppe auf Teller verteilen, Topping und Schäumchen daraufgeben, Petersilie darüberstreuen und servieren.

TIPP Wenn Gäste kommen, bereite ich die Suppe und das Topping schon vor, erhitze die Suppe kurz vor dem Essen noch einmal und mache dann das Erdnuss-Schäumchen frisch ... Sieht nicht nur gut aus, sondern schmeckt auch unglaublich gut!

SATT-MACHER

Deftiger Eintopf
mit Süßkartoffeln & Bohnen

Ein richtig schön sättigender Eintopf.
Das Neue daran sind die Süßkartoffeln, die mit ihrer sämigen Konsistenz
eine Alternative zur „normalen" Kartoffel sind.

Für 4 Portionen / Zubereitungszeit: 45 Minuten

Zutaten

SUPPE
- 1 Lauchstange
- 1 rote Zwiebel
- 2 Knoblauchzehen
- 3 EL Sonnenblumenöl
- 1 große Süßkartoffel (ca. 350 g)
- je ½ TL gemahlener Kreuzkümmel, Chili- und Paprikapulver
- 240 g Kidneybohnen
- 240 g weiße Bohnen
- 1 Dose gehackte Tomaten (400 g)
- Salz, frisch gemahlener schwarzer Pfeffer

TOPPING
- Kürbis- und Sonnenblumenkerne
- 3–4 Stiele glatte Petersilie

1. Lauch putzen und in Ringe schneiden, Zwiebel und Knoblauch schälen und fein würfeln. Sonnenblumenöl in einem großen Topf erhitzen, Lauch, Zwiebel und Knoblauch glasig dünsten.

2. Süßkartoffel schälen und würfeln, mit den Gewürzen dazugeben und ein paar Minuten anbraten, dann mit 100 ml Wasser ablöschen und köcheln lassen, bis die Kartoffeln weich werden.

3. Bohnen, Tomaten und weitere 125 ml Wasser hinzugeben und 5 Minuten weiter köcheln lassen. Mit Salz und Pfeffer abschmecken und auf Teller verteilen.

4. Den Eintopf mit Körnern und Petersilie bestreuen … schmecken lassen.

TIPP Der Eintopf schmeckt am nächsten Tag mindestens nochmal so gut und lässt sich auch gut als „Partyeintopf" vorbereiten.

Maissuppe
mit Pilz-Lauch-Topping

Eine Suppe, die sich schnell zubereiten lässt und wegen des süßlichen Maisgeschmacks besonders bei Kindern sehr beliebt ist. Die mögen dann oft den Lauch nicht, aber dann lässt man in dem Fall das Topping einfach weg.

Für 4 Portionen / Zubereitungszeit: 25 Minuten

Zutaten

SUPPE
1 große Kartoffel
1 kleine Lauchstange
1 Dose Mais (570 g)
1 EL Kokosöl
750 ml Gemüsebrühe (s. S. 10)
Salz, frisch gemahlener schwarzer Pfeffer

TOPPING
8 braune Champignons
2 EL Sonnenblumenöl
Lauchringe

1. Kartoffel schälen und in kleine Würfel schneiden, Lauch in feine Ringe schneiden. Ein Drittel davon für das Topping beiseitelegen. Maiskörner in einem Sieb abtropfen lassen.

2. Kokosöl in einem Suppentopf erhitzen. Kartoffel und Lauch darin andünsten, mit Gemüsebrühe aufgießen und 10 Minuten köcheln lassen, bis die Kartoffel gar ist. Mais dazugeben, gut umrühren und mit dem Stabmixer fein pürieren. Mit Salz und Pfeffer abschmecken.

3. Für das Topping Pilze putzen und in Scheiben schneiden. Öl in einer kleinen Pfanne erhitzen, Pilze und Lauchringe andünsten, salzen und pfeffern.

4. Suppe in Teller geben, Pilze und Lauchringe darauf verteilen. Schmecken lassen!

TIPP Noch schneller lässt sich die Suppe zubereiten, wenn man schon eine fertig gekochte, von einem anderen Gericht übrig gebliebene Kartoffel verwendet.

Exotische Kürbissuppe
mit Banane & Kokos

Kürbissuppe geht in der kalten Jahreszeit eigentlich immer. Warum aber nicht mal in der ungewöhnlichen Kombination mit Banane und Kokos. Noch ein bisschen Chilischärfe dazu und perfekt ist die Kreation.

Für 4 Portionen / Zubereitungszeit: 35 Minuten

Zutaten

SUPPE
1 kleiner Hokaidokürbis (ca. 400 g)
2 Kartoffeln (ca. 150 g)
1 Frühlingszwiebel
20 g frischer Ingwer (ca. 1 cm)
½ getrocknete Chilischote ohne Samen
1 EL Kokosöl
½ TL gemahlene Kurkuma
750 ml Gemüsebrühe (s. S. 10)

TOPPING
3 Stiele Koriander
1 kleine Banane
Saft von ½ Orange
2 EL Kokosflocken
Salz, frisch gemahlener schwarzer Pfeffer

1. Kürbis halbieren, Kerne entfernen, Kartoffeln schälen. Beides in kleine Stücke schneiden. Frühlingszwiebel in feine Ringe schneiden, Ingwer schälen und fein hacken, Chilischote ebenfalls fein hacken.

2. Kokosöl in einem Suppentopf erhitzen. Kurkuma, Ingwer und Chili kurz andünsten. Kürbis, Kartoffeln und Lauchringe dazugeben, gut vermischen und 3–4 Minuten mit andünsten, mit heißer Gemüsebrühe aufgießen. Ca. 10 Minuten zugedeckt köcheln lassen, bis das Gemüse gar ist.

3. Inzwischen Koriander waschen. Banane schälen und in Scheiben schneiden.

4. Suppe pürieren, Orangensaft dazugeben und untermischen. Mit Salz und Pfeffer abschmecken.

5. Mit Bananenscheiben anrichten, Koriander und Kokosflocken darüberstreuen.

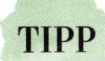

TIPP Die Suppe ist ideal, wenn Gäste kommen. Sie lässt sich einfach vorbereiten und macht was her. Einfach die Menge vervielfachen, aber die Banane für das Topping erst vor dem Servieren in Scheiben schneiden, da sie sonst braun wird.

Rote Linsensuppe
mit Kichererbsen & Paprika

Ein richtiger Seelenwärmer ist diese würzige Linsensuppe und ein ordentlicher Sattmacher dazu. Schmeckt aufgewärmt auch am nächsten Tag noch.

Für 4–6 Portionen / Zubereitungszeit: 40 Minuten

Zutaten

SUPPE
200 g rote Linsen
1,25 l Gemüsebrühe (s. S. 10)
20 g getrocknete Tomaten
2 rote Zwiebeln
1 Knoblauchzehe
2–3 Frühlingszwiebeln
4 EL Olivenöl
1 rote Paprika
2 Prisen Cayennepfeffer
1 Dose Kichererbsen (400 g)
Salz, frisch gemahlener schwarzer Pfeffer

TOPPING
2 EL Sesamsaat
4 Stiele gehackte glatte Petersilie

1. Linsen waschen und in 400 ml Gemüsebrühe in ca. 7 Minuten bissfest garen. Brühe abschütten und Linsen beiseitestellen.

2. Getrocknete Tomaten in feine Streifen schneiden, in eine kleine Schüssel geben und heißes Wasser darübergießen. Nach 10 Minuten abschütten.

3. Zwiebeln und Knoblauch schälen und fein würfeln. Frühlingszwiebeln in feine Ringe schneiden. Olivenöl in einem Topf erhitzen, Zwiebeln, Knoblauch und Frühlingszwiebeln glasig andünsten. Salzen und pfeffern.

4. Paprika waschen, halbieren, das Kerngehäuse entfernen und das Fruchtfleisch in feine Würfel schneiden. Zusammen mit den Tomatenstreifen dazugeben und 2 Minuten mitdünsten. Mit Cayennepfeffer würzen.

5. Mit der restlichen Brühe (850 ml) aufgießen, Kichererbsen dazugeben und aufkochen lassen. Am Schluss die Linsen unterrühren und kurz mitkochen.

6. Auf Teller verteilen, mit Sesamsaat und Petersilie betreuen.

Von den Linsen gleich 150 g mehr kochen für die Füllung der Süßkartoffel auf Seite 102 und so wieder einmal Zeit sparen.

Spicy Tomatensuppe
mit knackigem Sellerie & Kresse

Tomatensuppe ist schon ein alter Küchenklassiker. Aber hier habe ich eine Version mit Paprika, Staudensellerie und einer Prise Cayennepfeffer für die richtige Würze ausprobiert. Passt gut als Vorspeise oder mit einer Scheibe Brot als Hauptgericht.

Für 4 Portionen als Vorspeise oder 2 Portionen als Hauptspeise / Zubereitungszeit: 35 Minuten

Zutaten

SUPPE
2 rote Paprika
2 Spitzpaprika
2 Eiertomaten
1 große Kartoffel (ca. 200 g)
1 Frühlingszwiebel
1 Knoblauchzehe
2 Stangen Staudensellerie
4 EL Olivenöl
je 2–3 Prisen gemahlene Kurkuma und gemahlener Kreuzkümmel
800 ml Gemüsebrühe (s. S. 10)
4–5 getrocknete Tomaten
Salz, frisch gemahlener schwarzer Pfeffer

TOPPING
frische Kresse

1. Paprika waschen, halbieren, das Kerngehäuse entfernen und das Fruchtfleisch in grobe Stücke schneiden. Tomaten waschen, halbieren und würfeln. Kartoffel schälen, in kleine Würfel schneiden. Frühlingszwiebel putzen, Knoblauch schälen, beides fein würfeln. Sellerie putzen, waschen, fein schneiden.

2. 2 EL Öl in einer Pfanne erhitzen. Gemüse zugeben, würzen und 3–4 Minuten andünsten. Mit der Brühe aufgießen und ca. 15 Minuten gar kochen.

3. Die Suppe vom Herd nehmen, die getrockneten Tomaten dazugeben und alles mit dem Pürierstab fein mixen (wer es ganz fein mag, passiert sie durch ein Sieb). Das restliche Öl dazugeben und noch einmal mit dem Pürierstab durchmixen.

4. Auf Schüsseln verteilen, ggf. noch einmal salzen und pfeffern und mit frischer Kresse bestreuen.

TIPP Im Sommer bleibt die Suppe kalt und ich gebe als Topping klein gewürfelte Gurke und Paprika dazu. Noch einmal kräftig salzen und pfeffern und etwas Schnittlauch darüber. Fertig

Lauchsuppe
mit frischen Kräutern & Flädlestreifen

Lauch, weiße Bohnen, Fädle aus Buchweizen-Pfannkuchen und jede Menge Kräuter – alleine schon die Farben lassen an Frühling denken. Eine leckere Sattmacher-Suppe, die sich als kleine Portion auch gut als Vorspeise macht.

Für 4 Portionen als Vorspeise oder 2 Portionen als Hauptspeise / Zubereitungszeit: 35 Minuten

Zutaten

SUPPE
200 g Kartoffeln
500 g Lauch
200 g weiße Bohnen aus der Dose
2 EL Kokosöl
1 l Gemüsebrühe (s. S. 10)
75 ml Reismilch
Salz, frisch gemahlener schwarzer Pfeffer

TOPPING
Teig für Flädle aus Buchweizen-Pfannkuchen (s. S. 94)
ca. 50 g Kräuter (Petersilie, Schnittlauch und Sprossen)

1. Kartoffeln schälen und in kleine Würfel schneiden. Lauch putzen, abspülen und in Ringe schneiden. Bohnen in einem Sieb abspülen.

2. Kokosöl in einem Topf erhitzen, Lauch 4–5 Minuten andünsten. 3 EL davon beiseitelegen. Gemüsebrühe, Kartoffeln und Bohnen dazugeben und 10–12 Minuten zugedeckt köcheln lassen.

3. In der Zwischenzeit den Pfannkuchenteig anrühren (s. S. 94), zwei große Pfannkuchen daraus backen und in Streifen schneiden. Warmhalten.

4. Die Suppe mit dem Stabmixer pürieren und die Reismilch dazugeben. Mit Salz und Pfeffer abschmecken. Kräuter waschen, trocken schütteln und klein hacken.

5. Auf Schüsseln verteilen, Pfannkuchenstreifen dazugeben, Kräuter und Sprossen darüberstreuen und noch mal mit Salz und Pfeffer würzen.

TIPP Für die Suppe braucht man ja nur zwei Pfannkuchen – mit dem restlichen Teig habe ich dann das Abendessen gesichert und mache die gefüllten Buchweizen-Pfannkuchen, die werden dann nur etwas kleiner.

Spargelsuppe
mit Zuckerschoten & Koriander

Eine ganz besondere Frühlingssuppe mit Spargel, Zuckerschoten und frischem Koriander, die frisch und knackig schmeckt. Passend zum Frühling eben.

Für 4 Portionen als Vorspeise oder 2 Portionen als Hauptspeise / Zubereitungszeit: 35 Minuten

Zutaten

SUPPE
250 g weißer Spargel
125 g Zuckerschoten
½ rote Paprika
1 Frühlingszwiebel
1 TL Kokosöl
500 ml Gemüsebrühe (s. S. 10)
250 ml Kokosmilch
getrockneter Oregano
gemahlene Kurkuma
Salz, frisch gemahlener schwarzer Pfeffer

TOPPING
frischer Koriander
frischer Schnittlauch

1. Spargel schälen und Enden abschneiden, Zuckerschoten in ein Sieb geben und waschen. Immer zwei bis drei Schoten übereinanderlegen und die Enden abschneiden. In ca. 2 cm lange Stücke schneiden. Paprika waschen, Kerngehäuse entfernen, das Fruchtfleisch erst in feine Streifen, dann in ca. 0,5 cm kleine Stückchen schneiden. Frühlingszwiebel putzen, waschen und in feine Ringe schneiden. Kräuter waschen und trocken schütteln.

2. Kokosöl in einem großen Topf erhitzen, Frühlingszwiebel und Paprika andünsten. Mit Gemüsebrühe aufgießen und wenn sie kocht, den Spargel dazugeben und 6–7 Minuten köcheln lassen.

3. In der Zwischenzeit die Zuckerschoten 2–3 Minuten in einem kleinen Topf mit kochendem Wasser blanchieren. Herausnehmen und mit kaltem Wasser abschrecken (so bleiben sie schön grün).

4. Die Suppe mit Kokosmilch aufgießen, würzen und die Zuckerschoten dazugeben. Auf Schälchen verteilen, mit den Kräutern bestreuen. Nach Geschmack noch einmal nachwürzen.

TIPP Statt weißem Spargel lässt sich auch gut der grüne nehmen. Er hat den Vorteil, dass man ihn nicht schälen muss.

Cremige Brokkolisuppe
mit Karotten- & Süßkartoffelpommes

Das Topping macht für mich die Suppe erst so richtig spannend – da kann ich mich austoben!
Denn statt der üblichen Scheibe Brot gibt es ein paar knusprige Gemüsepommes.
Eine ungewöhnliche, aber leckere Kombination.

Für 4 Portionen als Vorspeise oder 2 Portionen als Hauptspeise / Zubereitungszeit: 35 Minuten

Zutaten

POMMES
1 Süßkartoffel
2 Karotten
1 EL Kokosöl
Salz

SUPPE
1 rote Gemüsezwiebel
1 kleiner Brokkoli (ca. 350 g)
1 Handvoll frische Spinatblätter
 (ca. 30 g, alternativ TK-Spinat)
1 EL Kokosöl
500 ml Gemüsebrühe (s. S. 10)
125 ml Kokosmilch
1 Handvoll Kresse
Salz, frisch gemahlener schwarzer Pfeffer

TOPPING
6–7 Minzblätter
2 EL Körnermischung (s. S. 11)
Saft von ½ Zitrone
Salz, frisch gemahlener schwarzer Pfeffer

1. Den Backofen auf 180 °C Ober-/Unterhitze vorheizen. Süßkartoffel schälen, Karotten putzen, beides in Stifte schneiden und auf ein mit Backpapier ausgelegtes Backblech geben. Kokosöl etwas erwärmen, damit es flüssig wird, über das Gemüse träufeln und gut vermischen. Im Ofen 10 Minuten backen, dann wenden und weitere 10 Minuten backen, bis die Pommes leicht gebräunt und knusprig sind. Erst jetzt salzen.

2. In der Zwischenzeit die Zwiebel häuten und in feine Würfel schneiden, Brokkoli waschen und in kleine Röschen teilen, Spinatblätter waschen und trocken schütteln.

3. Das Kokosöl in einem Suppentopf erhitzen und die Zwiebelwürfel darin für 2 Minuten andünsten. 400 ml der Gemüsebrühe und die Kokosmilch dazugießen und zum Kochen bringen. Brokkoli und Spinat dazugeben und auf mittlerer Hitze köcheln lassen, bis der Brokkoli gar ist.

4. Kresse in die Suppe geben, mit dem Pürierstab pürieren und mit Salz und Pfeffer abschmecken. Wem die Suppe zu sämig ist, der gibt die restliche Gemüsebrühe dazu.

5. Auf Gläser verteilen, Minze und Körner darübergeben und mit etwas Zitronensaft beträufeln. Pommes direkt auf der Suppe anrichten oder separat dazureichen.

TIPP Die Gemüsepommes sind bei kleinen und großen Kindern super beliebt, entsprechend mehr machen – sie schmecken auch ohne Suppe!

Grüne Gemüsesuppe
mit fruchtigem Tomaten-Mandel-Pesto

„Unn wennns ema net so läuft, dann kocht der dei Mutter immer noch e Süppsche."
So sagt der Hesse. Egal ob's gerade läuft oder nicht, die frische Gemüsesuppe hat viele Vitamine und das fruchtige Pesto gibt die raffinierte Note – und alles wird wieder gut.

Für 4 Portionen als Vorspeise oder 2 Portionen als Hauptspeise / Zubereitungszeit: 30 Minuten

Zutaten

SUPPE
1 kleine rote Zwiebel
1 Knoblauchzehe
250 g Zucchini
200 g Kohlrabi
400 g breite Bohnen
100 g Datteltomaten
3 EL Olivenöl
1,5 l Gemüsebrühe (s. S. 10)
200 g Erbsen
Salz, frisch gemahlener schwarzer Pfeffer

PESTO
100 g in Öl eingelegte getrocknete Tomaten
50 g gemahlene Mandeln
3 EL Olivenöl
frisch gemahlener schwarzer Pfeffer

1. Zwiebel und Knoblauch fein würfeln. Zucchini waschen, Kohlrabi schälen und beides in feine Würfel schneiden. Bei den Bohnen zuerst die Enden abschneiden, dann in ca. 3 cm lange Stücke schneiden. Tomaten waschen und vierteln.

2. Öl im Topf erhitzen, Zwiebel und Knoblauch glasig andünsten. Kohlrabi und Bohnen dazugeben und ca. 3 Minuten mit andünsten, gut umrühren.

3. Gemüsebrühe dazugießen und alles ca. 10 Minuten köcheln lassen (bis die Bohnen bissfest sind). Jetzt Zucchini, Tomaten und Erbsen dazugeben und weitere 5 Minuten köcheln lassen. Mit Salz und Pfeffer abschmecken.

4. Für das Pesto Tomaten und Mandeln mit dem Olivenöl fein pürieren, ggf. noch etwas pfeffern. Suppe auf Teller verteilen, ein Löffelchen Pesto obendrauf ... schmecken lassen!

 **TIPP** Wer Tomatenhaut nicht mag oder es ganz fein machen möchte, der nimmt Strauchtomaten, ritzt sie ein, blanchiert sie, bis sich die Haut abziehen lässt, und gibt sie dann erst fein gewürfelt in die Suppe.

Jetzt zum Hauptgericht

Bohnen-Linsen-Pattys
mit Balsamico-Feigen

SATTMACHER

Bohnenküchlein lösen bei uns schon seit längerer Zeit große Begeisterung aus, wenn sie auf den Tisch kommen. Zumal sie sich immer wieder variieren lassen. Dieses Mal bekommen sie eine frische Feige on top, beträufelt mit ein wenig Dressing. Das macht auch auf dem Partybuffet echt was her.

Für 3 Portionen ohne Salat oder 4 Portionen mit Salat / Zubereitungszeit: 45 Minuten

Zutaten

PATTYS
150 g rote Linsen
300 ml Gemüsebrühe (s. S. 10)
1 Dose Kidneybohnen (400 g)
3 EL Haselnusskerne
2 EL Sesamsaat
2 Frühlingszwiebeln
100 g Pilze (z. B. braune Champignons)
3 EL Olivenöl
3 EL Maisgrieß
3 EL Sonnenblumenöl
Salz, frisch gemahlener schwarzer Pfeffer

DRESSING
2 Feigen
2 TL Olivenöl
1 TL dunkler Balsamico
1 TL Agavendicksaft
½ TL mittelscharfer Senf
Salz, frisch gemahlener schwarzer Pfeffer

1. Die Linsen waschen, in der Gemüsebrühe ca. 7 Minuten bissfest garen, die Brühe abgießen und die Linsen beiseitestellen. Kidneybohnen abspülen und in eine große Schüssel geben. Haselnüsse, Sesam und die gekochten Linsen dazugeben. Mit Salz und Pfeffer abschmecken.

2. Frühlingszwiebeln und Pilze putzen. Das Weiße der Zwiebel und die Pilze fein hacken, das Zwiebelgrün in feine Ringe schneiden und beiseitelegen. Öl in der Pfanne erhitzen, Zwiebelweiß und Pilze darin andünsten und zu den Linsen in die Schüssel geben.

3. Alles gut vermengen, die Hälfte abnehmen und mit dem Stabmixer pürieren, alles wieder miteinander vermischen. Die Masse zu Kugeln formen und flach drücken, in Maisgrieß wälzen und in heißem Öl von beiden Seiten anbraten.

4. Die Feigen in feine Scheiben schneiden und mit dem Frühlingszwiebelgrün kurz anbraten. Für das Dressing Öl, Essig, Agavendicksaft und Senf verrühren, mit Salz und Pfeffer abschmecken.

5. Die Bohnen-Linsen-Pattys auf Tellern anrichten, jeweils eine Feigenscheibe darauflegen und mit dem Dressing beträufeln.

TIPP Zusammen mit dem Rucolasalat von Seite 36 wird eine mehr als sättigende Mahlzeit daraus. Von den Linsen 200 g mehr kochen. Dann kann man daraus gleich die Linsensuppe von Seite 72 machen und hat so Zeit gespart.

Geröstetes Kürbis-Hirsotto
mit Aubergine & Paprika

TO GO super zum Mitnehmen

Das erste Mal habe ich das Kürbisgemüse in Südafrika entdeckt.
Überall gab es die leckersten Salatkombinationen, sogar im Supermarkt, zum Mitnehmen.
Zu Hause habe ich es gleich selbst ausprobiert. Gelungen!

Für 2 Portionen als Hauptspeise / Zubereitungszeit: 20 Minuten / Backzeit: 20 Minuten

Zutaten

½ mittelgroßer Hokkaido
2–3 EL Olivenöl
½ TL Kräutersalz
300 g Hirse
600 ml Gemüsebrühe (s. S. 10)
½ rote Zwiebel
1 gelbe Paprika
½ Aubergine
3 EL Olivenöl
gemahlene Kurkuma, gemahlener Koriander
Salz, frisch gemahlener schwarzer Pfeffer

1. Backofen auf 175 °C Ober-/Unterhitze vorheizen. Kürbis halbieren, Kerne entfernen, Kürbis in kleine Würfel schneiden. Auf ein Backblech geben, mit Öl beträufeln und mit etwas Kräutersalz würzen, im Backofen ca. 20 Minuten rösten, bis die Würfel bissfest sind.

2. Die Hirse mit der Gemüsebrühe aufkochen, 5 Minuten köcheln lassen, ausquellen lassen, dabei ab und zu mit einer Gabel auflockern.

3. Zwiebel in feine Scheiben schneiden. Paprika waschen, halbieren, Kerngehäuse entfernen und das Fruchtfleisch in kleine Würfel schneiden. Aubergine ebenfalls in kleine Würfel schneiden, salzen und 5 Minuten ziehen lassen.

4. Öl in einer kleinen Pfanne erhitzen, Gemüsewürfel dazugeben, salzen und pfeffern und bissfest garen.

5. Kürbis und Gemüse mit der Hirse vermischen und mit Kurkuma und Koriander abschmecken, ggf. noch etwas Olivenöl dazugeben. Lauwarm oder kalt genießen.

TIPP Da das Hirsotto auch kalt schmeckt, ist es das ideale Sommergericht zum Mitnehmen.

Kürbis-Mais-Rösti
mit cremiger Basilikum-Guacamole

Diese knusprigen Rösti sind zur Abwechslung mal aus Kürbis und nicht aus Kartoffeln. Und statt Apfelmus gibt es eine leckere Basilikum-Guacamole.

Für 16 kleine Rösti / Zubereitungszeit: 35 Minuten / Quellzeit: 10 Minuten

Zutaten

RÖSTI
150 g Hokkaido ohne Kerne
100 g Zucchini
5 Basilikumblätter
150 g abgetropfter Mais aus dem Glas
50 g glutenfreie Haferflocken
Salz, frisch gemahlener schwarzer Pfeffer
5 EL Maismehl
4–5 EL Olivenöl

GUACAMOLE
1 Avocado
Saft von ½ Zitrone
Salz, frisch gemahlener schwarzer Pfeffer
5 Basilikumblätter

1. Hokkaido und Zucchini waschen und grob raspeln, in eine Schüssel geben. Basilikum waschen und trocken tupfen, in feine Streifen schneiden. Basilikum, Mais und Haferflocken zum Kürbis geben, salzen und pfeffern.

2. Maismehl und 70 ml Wasser miteinander verrühren, zur Kürbismischung geben, gut vermengen und 10 Minuten quellen lassen. Sollte die Masse zu fest sein, noch etwas Wasser unterrühren, bis die gewünschte Konsistenz erreicht ist.

3. Öl in einer großen Pfanne erhitzen, Gemüsemasse portionsweise in die Pfanne geben und knusprig anbraten. Nach 2–3 Minuten wenden und von der anderen Seite braten. Warm stellen, bis alle Rösti gemacht sind.

4. Avocado halbieren, schälen, den Stein entfernen und das Fruchtfleisch grob zerteilen. Fruchtfleisch mit dem Zitronensaft, Salz und Pfeffer in den Mixer geben und zu einer cremigen Guacamole mixen. Die Basilikumblätter waschen und trocken tupfen, in feine Streifen schneiden und auf der Guacamole anrichten. Mit den Rösti servieren.

 **TIPP** Die Rösti lege ich nach dem Braten auf ein Stück Küchenpapier, so wird überschüssiges Fett aufgesaugt.

Gerösteter Blumenkohl
mit Petersilie

SCHNELL

Diese Blumenkohlpfanne ist verblüffend einfach zuzubereiten und außerdem so gesund.
Dank der Kichererbsenpanade bekommt sie den richtigen Biss.

Für 2 Portionen / Zubereitungszeit: 25 Minuten
Zutaten

1 mittelgroßer Blumenkohl
6 EL Kichererbsenmehl
1 TL gemahlene Kurkuma
Salz, frisch gemahlener schwarzer Pfeffer
3–4 EL Olivenöl
1 Bund glatte Petersilie

1. Blumenkohl in kleine Röschen teilen und ca. 10 Minuten in heißem Wasser blanchieren. Herausnehmen und abtropfen lassen.

2. Kichererbsenmehl und Kurkuma in einen Suppenteller geben. Kräftig mit Salz und Pfeffer würzen. Blumenkohlröschen darin wälzen.

3. Öl in einer großen Pfanne erhitzen. Die Röschen darin anbraten und öfters wenden, sodass sie von allen Seiten bräunen.

4. Petersilie waschen, trocken schütteln und abzupfen. Blumenkohl auf zwei Teller verteilen, Petersilie darüberstreuen, ggf. noch einmal nachwürzen. Schmecken lassen!

TIPP Wenn ich noch Zeit habe, mache ich noch ein Mandelschäumchen dazu. Dafür verrühre ich 2 EL Mandelmus mit 125 ml Pflanzenmilch (z. B. Reismilch), schäume es kurz auf und gebe es über den Blumenkohl.

Buchweizen-Pfannkuchen
mit Pilzfüllung

Mit diesen Pfannkuchen habe ich schon große Verblüffung hervorgerufen, denn niemand wollte glauben, dass sie ohne Eier und Milch auskommen und trotzdem so lecker schmecken. Die Füllung lässt sich beliebig variieren, z. B. mit Paprika, Mais, Zucchini und Lauch.

Für 2 große Portionen oder 3 normale Portionen / Für ca. 6 Stück / Zubereitungszeit: 30 Minuten / Quellzeit: 10 Minuten

Zutaten

PFANNKUCHEN
160 g Buchweizenmehl
1 gestr. TL gemahlene Kurkuma
½ TL Kräutersalz
½ TL getrockneter Oregano
320 ml stilles Wasser
2–3 EL Olivenöl

FÜLLUNG
1 gehackte Knoblauchzehe
Olivenöl
150 g Spinat oder 450 g TK-Spinat
frisch geriebene Muskatnuss
100 g braune Champignons
2 Stiele glatte Petersilie
Salz, frisch gemahlener schwarzer Pfeffer

1. Mehl, Gewürze und 270 ml Wasser mit dem Schneebesen miteinander verquirlen und 10 Minuten quellen lassen.

2. Knoblauch in heißem Öl glasig dünsten. Spinat waschen, dazugeben und zusammenfallen lassen. Mit ein wenig Muskat würzen und warm halten. Bei TK-Spinat diesen nach Anleitung mit wenig Wasser in einem Topf erhitzen, Knoblauch dazugeben und mit ein wenig Muskat würzen.

3. Champignons putzen, in feine Scheiben schneiden und in einer Pfanne mit heißem Öl anbraten, leicht salzen und pfeffern. Warm halten.

4. Pfannkuchenteig durchrühren und das restliche Wasser dazugeben, sodass ein dünnflüssiger Teig entsteht. Öl in einer kleinen Pfanne erhitzen, etwas Teig in die Pfanne gießen und durch Schwenken verteilen. Den Teig etwas stocken lassen und wenden. Die zweite Seite 3–4 Minuten backen.

5. Pfannkuchen herausnehmen und mit ein paar Löffel Spinat und Champignons füllen. Warm halten.

6. Aus dem Teig fünf weitere Pfannkuchen backen und gleich füllen, ggf. Petersilie darüberstreuen und … schmecken lassen!

TIPP Die Pfannkuchen gleich zusammenlegen, wenn sie aus der Pfanne kommen, und dann zum Füllen vorsichtig anheben. Ansonsten brechen sie leicht.

Gebackene Auberginen
mit Zitronenhirse

Während die Auberginen im Backofen schmoren, wird die Füllung vorbereitet. Wem das zu viel Aufwand ist, der begnügt sich mit der Füllung und gibt die Auberginen klein geschnitten in die Pfanne mit dazu.

Für 2 große Portionen oder 4 normale Portionen / Zubereitungszeit: 30 Minuten / Backzeit: 20–30 Minuten

Zutaten

2 Auberginen
3 EL Olivenöl
3 EL Pistazienkerne
3–4 Stiele Petersilie
Saft von 1 Zitrone
125 g Hirse
250 ml Gemüsebrühe (s. S. 10)
½ Zucchini
3 Cherrytomaten
2 Aprikosen
1 TL scharfes Harissa
1 TL edelsüßes Paprikapulver
Salz, frisch gemahlener schwarzer Pfeffer

1. Backofen auf 200 °C Ober-/Unterhitze vorheizen.

2. Auberginen waschen, der Länge nach halbieren, das Fruchtfleisch mit einem Messer vorsichtig herausschneiden, fein würfeln und beiseitestellen. Die Auberginen innen und außen mit etwas Olivenöl einpinseln und auf ein mit Backpapier ausgelegtes Backblech in den Ofen geben und in 20–30 Minuten weich garen.

3. Hirse waschen und in der Gemüsebrühe nach Packungsangabe gar köcheln lassen. In der Zwischenzeit Zucchini, Tomaten und Aprikosen waschen, klein würfeln und zusammen mit den Auberginenstückchen in einer Pfanne mit heißen Öl anbraten. Mit Harissa, Paprika, Salz und Pfeffer kräftig würzen und gut umrühren. Auf kleiner Flamme bissfest garen.

4. Die Hirse unterrühren und ggf. noch einmal nachwürzen. Die gegarten Auberginen auf eine Platte geben und mit der Hirsemischung füllen. Mit Pistazienkernen und Petersilie bestreuen, mit Zitronensaft beträufeln ... fertig!

 **TIPP** Dazu passt gut die vegane Cashewcreme auf Seite 43 oder einfach Kokos- oder Lupinenjoghurt.

Nussbraten
mit fruchtigen Preiselbeeren

Vor etwa drei Jahren entdeckte ich in einem Magazin das erste Mal einen Nussbraten und war gleich begeistert von der Idee. Leider brauchte man sechs Eier und Parmesan für dieses Rezept. Jetzt habe ich nach einigen Anläufen eine vegane Variante hinbekommen. Sehr lecker mit den Preiselbeeren und außerdem sehr sättigend!

Für 6–8 Portionen / Zubereitungszeit: 45 Minuten / Kochzeit: 30 Minuten / Quellzeit: 10 Minuten / Backzeit: 35–40 Minuten

Zutaten

75 g braune Linsen
325 ml Gemüsebrühe (s. S. 10)
275 g Nussmischung
2 rote Zwiebeln
1 große Karotte
3–4 braune Champignons
1 kleine Zucchini
2 EL Olivenöl
2 TL Tomatenmark
½ TL getrockneter Thymian
50 g Maisgrieß
Salz, frisch gemahlener schwarzer Pfeffer
2 EL Bratöl
1 EL Körnermischung (s. S. 11)
1 kleines Glas Preiselbeeren

1. Linsen nach Packungsangabe mit 200 ml Gemüsebrühe ca. 30 Minuten weich kochen. 200 g Nussmix fein mahlen und in einer kleinen Pfanne ohne Fett kurz anrösten, dann abkühlen lassen. Den restlichen Nussmix grob hacken und beiseitestellen.

2. Zwiebeln und Karotte schälen und sehr fein würfeln. Ebenso die Champignons und die Zucchini. Olivenöl in einer Pfanne erhitzen und zuerst die Zwiebeln darin glasig dünsten, das Tomatenmark unterrühren, dann das übrige Gemüse dazugeben. Mit Thymian würzen und alles einige Minuten anbraten. Mit der restlichen (125 ml) Gemüsebrühe ablöschen und kurz köcheln lassen.

3. In einer großen Schüssel den gesamten Nussmix, Gemüse und Linsen geben. Maisgrieß unterrühren. Salzen und pfeffern, alles gut vermischen und ca. 10 Minuten quellen lassen.

4. Backofen auf 180 °C Ober-/Unterhitze vorheizen. Masse in eine mit Öl gut ausgepinselte längliche Kastenform geben und mit Öl beträufeln, Körnermischung darüberstreuen. Im Backofen auf der mittleren Schiene 35–40 Minuten backen.

5. Den fertigen Braten stürzen, in Scheiben schneiden und zusammen mit den Preiselbeeren auf Tellern anrichten.

TIPP Dazu passt Wintergemüse aus Rosenkohl, verschiedenfarbigen Karotten und Lauch. Mit gerösteten Mandeln bestreuen. Alternativ zum Maisgrieß könnt ihr auch auch 3 EL Leinsamen mit 9 EL Wasser verrühren, 10 Minuten quellen lassen und dann untermischen.

Ofengemüse
mit frischem Kräuterdressing

Gemüse klein schneiden, ab in den Ofen und in der Zwischenzeit das Kräuterdressing vorbereiten. So geht schnelle Küche!

Für 2 große Portionen oder 3 normale Portionen / Zubereitungszeit: 25 Minuten / Backzeit: ca. 40 Minuten

Zutaten

GEMÜSE
300 g Karotten
1 kg festkochende Kartoffeln
1 rote Zwiebel
Saft von ½ Zitrone
2 EL Olivenöl
Salz, frisch gemahlener schwarzer Pfeffer

DRESSING
½ Bund Dill
5 Stiele glatte Petersilie
1 TL mittelscharfer Senf
3 EL weißer Balsamico
1 TL Agavendicksaft
1 EL Olivenöl
2–3 EL Wasser

1. Backofen auf 180 °C Ober-/Unterhitze vorheizen. Karotten schälen, Kartoffeln waschen. Die Kartoffeln ungeschält vierteln, die Karotten vierteln, die Zwiebel in Streifen schneiden.

2. Das Gemüse mit Zitronensaft und Öl gut vermischen. Auf einem mit Backpapier ausgelegten Backblech verteilen, salzen und pfeffern und ca. 40 Minuten auf der mittleren Schiene backen. Gelegentlich wenden.

3. In der Zwischenzeit das Dressing vorbereiten. Dazu Kräuter waschen, trocken schütteln und grob hacken. Die übrigen Zutaten gut vermischen.

4. Ofengemüse auf Teller geben, Kräuter großzügig darüberstreuen, Dressing darübergießen und 10 Minuten ziehen lassen. Guten Appetit!

TIPP Das Ofengemüse schmeckt auch kalt gut. Also einfach mit zur Arbeit nehmen und dort schmecken lassen.

Gebackene Süßkartoffeln
mit Linsengemüse

SATT-MACHER

Das ist was für den richtig großen Hunger!
Die Süßkartoffel bekommt eine leckere Füllung aus Pilzen, Auberginen und roten Linsen.
Wer mag, nimmt einen Klecks cremigen Kokosjoghurt dazu. Genau das Richtige nach
einem langen, kalten Tag – aber auch an jedem anderen.

Für 2 große Portionen / Zubereitungszeit: 40 Minuten / Backzeit: 40–50 Minuten

Zutaten

2 große Süßkartoffeln (je ca. 350 g)
Öl zum Bestreichen
150 g rote Linsen
300 ml Gemüsebrühe (s. S. 10)
100 g gemischte Pilze (oder braune Champignons)
1 Frühlingszwiebel
½ rote Zwiebel
½ kleine Aubergine (ca. 200 g)
6 Datteltomaten
2 EL Kokosöl
Kräutersalz, frisch gemahlener schwarzer Pfeffer
½ TL gemahlene Kurkuma
2–3 Stiele glatte Petersilie
5–6 Stiele Schnittlauch
1 Becher Kokosjoghurt

1. Backofen auf 200 °C Ober-/Unterhitze vorheizen. Süßkartoffeln unter fließendem Wasser waschen, trocken tupfen. Mit Öl bestreichen und im vorgeheizten Ofen auf einem Backblech 40–50 Minuten weich backen (mit der Gabel einstechen und so testen, ob sie schon gar sind).

2. In der Zwischenzeit die Linsen waschen, in der Brühe aufkochen, 7–10 Minuten köcheln lassen, Brühe abgießen und die Linsen beiseitestellen. Pilze putzen und halbieren. Frühlingszwiebel und rote Zwiebeln in feine Ringe schneiden, Aubergine klein würfeln, Tomaten halbieren.

3. Kokosöl in einer Pfanne erhitzen. Das Gemüse, bis auf die Linsen, zuerst bei großer Hitze unter Rühren anbraten, dann mit Salz, Pfeffer und Kurkuma würzen. Mit 50 ml Wasser ablöschen und ca. 5 Minuten weiterköcheln lassen, bis die Auberginen gar sind und das Wasser verkocht ist. Linsen dazugeben und unterrühren. Die Kräuter hacken.

4. Süßkartoffeln aus dem Ofen nehmen, in der Mitte aufschneiden und etwas auseinanderklappen. Das Gemüse daraufgeben. Mit Kräutersalz und Pfeffer würzen, Petersilie und Schnittlauch darüberstreuen und mit dem Kokosjoghurt auf den Tisch bringen.

TIPP Wenn die Süßkartoffel im heißen Backofen ist, ist auch noch Platz für ein Brot (s. S. 28) oder für den Körnerboden der Pizza (s. S. 105) oder für die Cracker (s. S. 139) ... aber auf die Temperatur und die Backzeit achten!

frischer und knackiger Belag
mit vielen Vitaminen

cremige Guacamole mit
wertvollen Fettsäuren

knuspriger Boden mit einem hohen
Anteil an pflanzlichem Eiweiß

Pizza
mit knusprigem Körnerboden

Das erste Mal habe ich eine Rohkostpizza auf Reisen in Südafrika gegessen. Und habe es zu Hause gleich ausprobiert. Komplett rohvegan ist sie allerdings nicht geworden, da ich keinen Dörrautomaten besitze. Aber der kurz gebackene, knackige Körnerboden ist ein guter Ersatz. Dazu eine Avocadocreme als Basic, dann kann variiert werden: Rucola, Paprika, Oliven, Pilze …

Für 4 Pizzen (Durchmesser 12 cm) / Zubereitungszeit: 35 Minuten / Backzeit: ca. 30 Minuten

Zutaten

BODEN
50 getrocknete Tomaten
120 g Leinsamen
70 g Sonnenblumenkerne
70 g Mandeln
40 g Tomatenmark
1 Prise Cayennepfeffer
½ TL getrockneter Thymian
Salz, frisch gemahlener schwarzer Pfeffer
4 EL Olivenöl

BELAG
1 Avocado
1 EL Zitronensaft
Salz, frisch gemahlener schwarzer Pfeffer
½ rote Paprika
4 Kirschtomaten
1 Handvoll Rucola- oder Mischsalat
2 EL schwarze Oliven ohne Stein

TOPPING
Körnermischung (s. S. 11)

1. Getrocknete Tomaten in eine Tasse geben, mit 50 ml heißem Wasser übergießen und 10 Minuten quellen lassen. Dann das Wasser abgießen und die Tomaten mit 50 ml frischem Wasser fein pürieren.

2. Den Backofen auf 150 °C Ober-/Unterhitze vorheizen. Leinsamen, Sonnenblumenkerne und Mandeln im Mixer fein mahlen. Tomatenmark, Gewürze und Olivenöl dazugeben und alles fein pürieren. Mit den Händen durchkneten und nach Bedarf 4–6 EL Wasser dazugeben, bis eine feste Masse entsteht.

3. Backblech mit Backpapier auslegen. Die Masse auf vier Portionen aufteilen, diese auf dem Backblech flach drücken, mit einer Tarteform von 12 cm Durchmesser ausstechen (aus den Resten kleine runde Cracker formen und mitbacken). Mit der Tomatencreme bestreichen. Ca. 30 Minuten backen und gut auskühlen lassen.

4. Avocado halbieren, den Stein entfernen, das Fruchtfleisch auslösen und grob zerteilen. Avocado in einem Mixer mit Zitronensaft pürieren, mit Salz und Pfeffer abschmecken und auf den Körnerboden streichen. Paprika waschen, das Kerngehäuse entfernen und das Fruchtfleisch in feine Streifen schneiden. Tomaten und Salat waschen, Tomaten vierteln, Salat trocken schleudern.

5. Auf dem Körnerboden verteilen, Oliven und ggf. Körnermischung darüberstreuen und nochmals salzen und pfeffern.

TIPP Wenn Gäste kommen, nehme ich einen kleinen Ausstecher und mache Mini-Pizzen daraus als Fingerfood. Den Körnerboden bereite ich dann schon am Vorabend zu. Dann kann er in Ruhe auskühlen und am nächsten Tag muss nur noch der Belag gemacht werden.

Spargel
mit bunter Tomatensalsa

Die Salsa war für die Salat-Wraps auf Seite 51 gemacht, aber es blieb davon so viel übrig, dass ich die Idee hatte, sie mit dem gerade gekauften Spargel zu kombinieren. Noch ein paar Erdbeeren und Brombeeren dazu und fertig ist ein schnelles, feines Spargelgericht.

Für 2 Portionen als Hauptspeise oder 4 als Vorspeise / Zubereitungszeit: 30 Minuten

Zutaten

SPARGEL
500 g weißer und grüner Spargel

SALSA
1 Frühlingszwiebel
2 braune Champignons
4 kleine Strauchtomaten
¼ gelbe Paprika
4 Erdbeeren
1 Handvoll Heidelbeeren
4 Brombeeren
5 Walnusskernhälften
4 getrocknete Tomaten
1 Handvoll Sprossen (optional)
2 EL Rapsöl
1 EL dunkler Balsamico
1 TL Agavendicksaft
Salz, frisch gemahlener schwarzer Pfeffer

1. Weißen Spargel schälen, die Spargelenden abschneiden. Eine große Pfanne 2 cm hoch mit Wasser füllen und erhitzen. Beide Spargelsorten hineingeben und 5–7 Minuten gar kochen.

2. Frühlingszwiebel und Pilze putzen. Tomaten, Paprika und Beeren waschen. Die Paprika halbieren und das Kerngehäuse entfernen. Bis auf Heidelbeeren, Brombeeren und zwei Erdbeeren alles klein würfeln. Walnüsse fein hacken, getrocknete Tomaten ebenfalls fein hacken.

3. Die Zutaten für die Salsa, bis auf die zwei Erdbeeren, in eine Schüssel geben, gut vermengen, salzen und pfeffern.

4. Den grünen Spargel auf zwei Teller verteilen, den weißen in kleine Stücke schneiden und daraufgeben. Die Salsa darüber verteilen und ggf. nochmals würzen. Die verbliebenen zwei Erdbeeren fächerförmig aufschneiden, mit den Sprossen dazu dekorieren.

 **TIPP** Dieses Gericht lässt sich gut vorbereiten und ist deshalb als Vorspeise ideal, wenn Gäste kommen.

SATT-MACHER

Würzige
Linsenplätzchen mit Gemüse

Diese Linsenplätzchen entstanden aus Versehen, als ich mich in der Menge bei einem Rezept vertan hatte. Ein bisschen Gemüse war auch noch übrig und so kam es zu den leckeren Teilchen. Zusammen mit einem Salat ergeben sie ein sättigendes Mittagessen.

Ergibt 16–20 Stück / Zubereitungszeit: 25 Minuten

Zutaten

150 g rote Linsen
300 ml Gemüsebrühe (s. S. 10)
2 kleine Karotten
½ Zucchini
2 Cherrytomaten
1 Frühlingszwiebel
2 Champignons
3 EL Olivenöl
2 Prisen Cayennepfeffer
1 TL gemahlene Kurkuma
½ TL getrockneter Oregano
Salz, frisch gemahlener schwarzer Pfeffer
ca. 100 g glutenfreie Haferflocken
3–4 EL Maisgrieß
3 EL Sonnenblumenöl zum Braten

1. Linsen waschen, in der Brühe aufkochen, 7–10 Minuten köcheln lassen, Brühe abschütten und Linsen beiseitestellen.

2. Karotten schälen, Zucchini und Tomaten waschen und klein würfeln. Frühlingszwiebel in feine Ringe schneiden, Champignons putzen und ebenfalls klein schneiden.

3. Öl in einer kleinen Pfanne erhitzen, zuerst die Frühlingszwiebel glasig dünsten, dann das Gemüse dazugeben, gut würzen und alles bei geschlossenem Deckel bissfest garen.

4. Das Gemüse mit den Haferflocken zu den Linsen in die Schüssel geben, mit dem Pürierstab etwas pürieren (so, dass noch Stückchen erhalten bleiben), zu kleinen Kugeln formen und flach drücken. In Maisgrieß wälzen und auf einen Teller geben.

5. Öl in einer großen Pfanne erhitzen. Linsenplätzchen zuerst von der einen Seite, dann von der anderen Seite knusprig braten.

TIPP Sehr gut passt dazu ein knackiger Salat, z. B. der All-inclusive-Salat von Seite 60 oder einfach Blattsalat mit Gurken, Karotten, Paprika, Essig und Öl.

Hauptgerichte

Fächerkartoffeln
mit cremigem Erbsenhummus

Dieses Essen macht sich fast von alleine: Während die Kartoffeln im Ofen vor sich hin backen, wird der Erbsenhummus in null Komma nix im Mixer gerührt. Am längsten dauert es, die Kartoffeln so schön fein zu schneiden. Und dann ist Zeit für ein kleines Nickerchen, bis der Küchenwecker uns aus dem Schlaf holt.

Für 4 Portionen als Hauptspeise / Zubereitungszeit: 20 Minuten / Backzeit: 50 Minuten

Zutaten

KARTOFFELN
1,5 kg festkochende Kartoffeln
Olivenöl
½ Spitzpaprika
1 Frühlingszwiebel

HUMMUS
5–6 Stiele Koriander
½ Avocado
150 g TK-Erbsen, aufgetaut
1 TL scharfer Senf
Saft von 1 Zitrone
Salz, frisch gemahlener schwarzer Pfeffer

1. Backofen auf 180 °C Ober-/Unterhitze vorheizen. Kartoffeln waschen und fein ein-, aber nicht durchschneiden. Am besten die Kartoffel zwischen zwei Holzkochlöffel legen, so schneidet man nur bis zum Löffel. Auf ein mit Backpapier ausgelegtes Blech legen, mit Olivenöl beträufeln und in den Backofen geben.

2. Paprika waschen, halbieren, das Kerngehäuse entfernen und das Fruchtfleisch in feine Streifen schneiden. Frühlingszwiebel in feine Ringe schneiden und beiseitelegen.

3. Koriander waschen und trocken schütteln. Den Stein der Avocado entfernen, das Fruchtfleisch auslösen und grob zerteilen. Avocado, Koriander, Erbsen, Senf und Zitronensaft im Mixer fein pürieren, mit Salz und Pfeffer abschmecken.

4. 10 Minuten vor Ende der Backzeit Paprika und Frühlingszwiebel über die Kartoffeln streuen, dann fertigbacken, bis die Kartoffeln an den Rändern gebräunt sind. Auf Teller verteilen und den Hummus dazugeben.

 **TIPP** Für den richtig großen Hunger nehme ich noch die Bohnen-Linsen-Pattys von Seite 86 dazu. Passt auch gut, wenn Gäste kommen.

Zucchininudeln
mit Basilikum-Kürbiskern-Pesto

„Das schmeckt ja fast wie Nudeln", kam es vom besten Ehemann von allen! Ein leichtes Sommergericht, das sich sogar rohvegan genießen lässt.

Für 2 kleine Portionen oder 1 große / Zubereitungszeit: 35 Minuten

Zutaten

PESTO
2 Frühlingszwiebel
1 Knoblauchzehe
2 Tassen frische Basilikumblätter
50 g Kürbiskerne
4 EL Olivenöl
2 EL Zitronensaft
Salz, frisch gemahlener schwarzer Pfeffer
1 Prise Cayennepfeffer

ZUCCHININUDELN
3 Zucchini (500–600 g)
2 EL Olivenöl

TOPPING
1 Avocado
6 Cherrytomaten
Salz, frisch gemahlener schwarzer Pfeffer

1. Frühlingszwiebel putzen, Knoblauch schälen und beides grob hacken, Basilikum waschen und trocken schütteln, drei bis vier Blätter zum Garnieren zurücklegen.

2. Die Kürbiskerne in einer kleinen Pfanne bei mittlerer Hitze rösten, abkühlen lassen, 2 EL beiseitestellen.

3. Alles in den Mixer geben und zu einem cremigen Pesto verrühren, mit Salz, Pfeffer und Cayennepfeffer abschmecken.

4. Zucchini waschen, mit dem Spiralizer zu Nudeln verarbeiten. In einer großen Pfanne Öl erhitzen, Nudeln dazugeben und ein paar Minuten andünsten, dann bei geschlossenem Deckel und geringer Hitze noch 2–3 Minuten garen lassen. Auf zwei Teller verteilen.

5. Avocado halbieren, den Stein entfernen, das Fruchtfleisch auslösen und in Spalten schneiden. Tomaten waschen und vierteln und mit der Avocado auf die Nudeln geben. 2–3 EL Pesto darübergeben und untermischen. Mit den beiseitegelegten Basilikumblättern und ein paar Kürbiskernen garnieren, evtl. noch einmal nachwürzen.

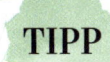 **TIPP** Mir persönlich schmeckt es besser, wenn die Zucchininudeln kurz in der Pfanne waren. Für die rohvegane Variante oder die „heißer Sommer"-Version einfach direkt nach dem Schneiden auf den Teller geben.

Polentapizza
mit Rucola, Oliven & Paprika

Pizza einmal anders und vor allen Dingen glutenfrei. Der Polentateig hat mit der gewohnten Hefevariante nichts zu tun, aber kombiniert mit der aromatischen Tomatensauce und dem Belag aus Oliven, Paprika und Rucola wird das ein neues, großes Geschmackserlebnis.

Für 1 Pizza / Zubereitungszeit: 35 Minuten / Backzeit: 10–15 Minuten

Zutaten

1 Tasse getrocknete Tomaten
2 EL Öl
60 ml Passata
125 ml Reismilch
200 ml Gemüsebrühe (s. S. 10)
100 g Maisgrieß
½ rote Paprika
2 EL schwarze Oliven
1 Handvoll Rucola
Salz, frisch gemahlener schwarzer Pfeffer
Körnermischung (s. S. 11, optional)

1. Tomaten in einer kleinen Schale mit heißem Wasser übergießen und 10 Minuten quellen lassen. Dann zusammen mit dem Öl und der Passata in einen Mixer geben und fein pürieren.

2. Milch und Brühe in einem kleinen Topf zum Kochen bringen. Für die Polenta den Maisgrieß hineinstreuen und unter stetigem Rühren aufkochen lassen. 5 Minuten mit einem Holzlöffel weiterrühren, dann nach Packungsangabe ausquellen lassen.

3. Backofen auf 180 °C Ober-/Unterhitze vorheizen. Pizzablech mit Öl einpinseln. Zunächst die Polenta hineingeben, dann die Tomatensauce darauf verstreichen.

4. Paprika waschen, das Kerngehäuse entfernen und das Fruchtfleisch in feine Streifen schneiden, Oliven halbieren und auf der Pizza verteilen. Im Backofen ca. 10 Minuten backen. Dann Rucola daraufgeben, salzen und pfeffern. Optional die Körnermischung darüberstreuen.

TIPP Der Belag lässt sich beliebig verändern: Champignons, Mais, Tomaten, Kapern, hauchdünne Zucchinischeiben ... alles geht. Je nach Gemüse sollte die Pizza dann ein paar Minuten länger im Ofen bleiben.

Süßes & Salziges

Herbe Schokocreme
mit Avocado

Als ich mich ein paar Wochen lang streng zuckerfrei ernährt habe, bin ich auf der Suche nach einem Nachtischersatz auf dieses Dessert gestoßen. Nicht wirklich süß, aber sehr cremig, und nach der Zuckerabstinenz braucht man wirklich weniger Süße. Aber okay, für euch habe ich ein bisschen Agavendicksaft dazugetan! Im Rezept findet ihr zwei Topping-Vorschläge.

Für 2 Portionen (à ca. 250 ml) / Zubereitungszeit: 10 Minuten / Kühlzeit: 1 Stunde

Zutaten

CREME
2 reife Hass-Avocado (die mit der schwarzen Schale)
2 EL entölter Backkakao
1 EL rohveganes Carobpulver (oder mehr Kakao)
3 TL Kokosöl
2 EL Agavendicksaft

TOPPING 1
2 EL gehackte Haselnüsse
1 TL Rohrzucker
1 TL getrocknete Rosenblätter (optional)

TOPPING 2
2 EL gehackte Pistazien
2 EL geraspelte Zartbitterschokolade

1. Die Avocados halbieren, den Stein entfernen, das Fruchtfleisch auslösen, grob zerteilen und in den Mixer geben. Die restlichen Zutaten dazugeben und zu einer feinen Creme mixen. Auf zwei Gläser verteilen.

2. Für das Topping 1 die Nüsse in der Pfanne ohne Fett rösten, den Zucker dazugeben. Sobald er schmilzt, die Pfanne vom Herd nehmen, Nüsse mit dem Zucker verrühren und auf die Avocadocreme geben. Mit den Rosenblättern bestreuen.

3. Für das Topping 2 einfach Pistazien und Zartbitterschokolade vermengen und auf der Creme verteilen.

4. Die Creme 1 Stunde im Kühlschrank kalt stellen – dann schmeckt sie noch besser.

TIPP Je nach Saison schmecken zusätzlich auch Himbeeren, Brombeeren oder Erdbeeren sehr gut zur Schokocreme.

Saure Zitronencreme
mit süßen Himbeeren

Nur fünf Zutaten und einen Topf braucht es für dieses zitronig-frische Dessert. Ähnlich wie ein Pudding wird es aufgekocht und später kalt gestellt. Also perfekt vorzubereiten, wenn Gäste kommen, oder als Zugabe zu Waffeln oder Pfannkuchen.

Für 2 Gläschen (à ca. 250 ml) / Zubereitungszeit: 20 Minuten / Kühlzeit: 4–5 Stunden

Zutaten

CREME
400 ml cremige Kokosmilch
2 TL Zitronenabrieb (bio)
120 ml frischer Zitronensaft
2 TL Pfeilwurzelmehl
1–2 TL Ahornsirup

DEKORATION
5–6 Blättchen Zitronenmelisse
6 frische Himbeeren

1. Kokosmilch und Zitronenabrieb vermischen. In einer kleinen Schüssel Zitronensaft mit dem Pfeilwurzelmehl gut vermischen, unter die Kokosmilch rühren. Ahornsirup dazugeben.

2. Die Mischung in einen kleinen Milchtopf geben und bei mittlerer Hitze unter Rühren aufkochen lassen. Wenn es anfängt zu blubbern und die Milch dicker wird, die Hitze herunterdrehen und weiterrühren, da es leicht anbrennen kann.

3. Wenn die Masse eine cremige Konsistenz hat, 15 Minuten stehen lassen, dann nochmals durchrühren und auf Gläser verteilen.

4. Für 4–5 Stunden kalt stellen. Vor dem Essen mit Zitronenmelisse und Himbeeren dekorieren.

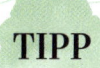

TIPP Die Creme hält sich im Kühlschrank mindestens 4–5 Tage und lässt sich auch gut in Schraubgläsern zu einem Picknick mitnehmen. Dann die Zitronenmelisse erst vor Ort dazugeben.

Cremiges Schokoeis
mit Zimt & Kakao-Nibs

Als Veganer kennt man das „Problem": Nur Fruchtsorbets statt Schokoladeneis. Damit ist jetzt Schluss! Hier kommt ein schön cremiges Schokoladeneis, dank Kokosmilch und Datteln. Wenn ich es nicht selbst gerührt hätte, würde ich es nicht glauben: Ein echtes mmh-Erlebnis mit Kakao-Nibs oder Schokostückchen. Aber auch mit untergerührten kandierten Nüssen, gefrorenen Himbeerstückchen oder Johannisbeeren wird ein Lieblingseis daraus.

Für 1 rechteckige Form (10 x 20 cm) / Zubereitungszeit: 15 Minuten / Kühlzeit: mindestens 4 Stunden

Zutaten

100 g Zartbitterschokolade (vegan)
10 Datteln
500 ml cremige Kokosmilch
½ TL Zimtpulver
1 Prise Salz
1 TL Johannisbrotkernmehl
4 TL Wasser
2 EL Kakao-Nibs
geraspelte Schokolade (optional)

1. Schokolade in kleine Stücke brechen und im Wasserbad schmelzen. Beiseitestellen und etwas abkühlen lassen.

2. Die Datteln grob zerkleinern. Kokosmilch mit Datteln, Zimt und Salz im Mixer glatt pürieren. Die flüssige Schokolade dazugeben.

3. Johannisbrotkernmehl mit Wasser anrühren und zu der Mischung geben, noch einmal gut durchmixen.

4. In die Form gießen und ins Gefrierfach geben, nach 30 Minuten mit den Kakao-Nibs oder der geraspelten Schokolade bestreuen. Nach ca. 3 Stunden ist das Eis cremig-gefroren.

TIPP Am besten schmeckt das Eis, wenn es 3–4 Stunden im Gefrierfach war. Dann ist es noch schön cremig. Wenn ich das Eis über Nacht im Gefrierschrank hattet, muss es mindestens 30 Minuten antauen, bis es sich portionieren lässt.

Rote Fruchtgrütze
mit knusprigem Mandelkrokant

Hier kommt die gute alte Rote Grütze zu neuen Ehren: Statt wie sonst Sahne gibt es hier einen Klecks Kokosjoghurt und karamellisierte Nüsse dazu. Je nach Saison kommen Beeren, Kirschen oder Pflaumen zum Einsatz … oder alles zusammen. Ich friere z. B. die Kirschen und Pflaumen vom Nachbarn gewaschen und entsteint ein und habe so immer etwas im Haus.

Für 4 Schälchen / Zubereitungszeit: 20 Minuten

Zutaten

GRÜTZE
600 g rote Früchte (z. B. Pflaumen, Kirschen, Johannisbeeren)
½ TL Zimtpulver
¼ TL gemahlene Kardamom oder 2 Kapseln
1 TL Kartoffelstärke

TOPPING
60 g gehackte Mandeln
3 EL Rohrzucker
1 Becher Kokosjoghurt

1. Früchte waschen, ggf. entsteinen, halbieren. Zusammen mit den Gewürzen und 2 EL Wasser in einen kleinen Topf geben, 15 Minuten auf kleiner Flamme köcheln lassen. Ggf. Kardamomkapseln entfernen, Stärke gut unterrühren, noch einmal aufkochen lassen, dann vom Herd nehmen und auf Schälchen verteilen.

2. Die gehackten Mandeln in einer kleinen Pfanne ohne Fett anrösten, Zucker dazugeben und schmelzen lassen. Die Mandeln mit dem Zucker karamellisieren lassen. Auf ein Stück Backpapier geben und auskühlen lassen.

3. Auf jedes Schälchen einen Klecks Joghurt geben, Mandeln darüberstreuen … und genießen.

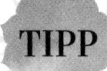 **TIPP** Statt Mandeln kann man auch Haselnüsse, Pistazien oder Walnüsse nehmen.

Süßes & Salziges

Kalte Erdbeertorte
mit Schokosauce

Schon oft habe ich in veganen Cafés rohvegane Törtchen gegessen. So hübsch wie sie immer aussehen, hab ich mich aber nie selbst daran getraut. Jetzt habe ich es doch endlich ausprobiert und es ist so einfach: Erst mixt man den Boden, dann die Creme und schließlich kommt alles in das Gefrierfach. Macht außerdem pappsatt, deshalb ist die kleine Form völlig ausreichend.

Für 1 kleine Torte (Durchmesser 18 cm) / Zubereitungszeit: 35 Minuten / Quellzeit: mindestens 60 Minuten / Kühlzeit: 24 Stunden

Zutaten

CREME
200 g Cashewkerne
1 TL gemahlene Vanille
½ TL Salz
2 TL Ahornsirup
75 ml Wasser
2 TL Zitronensaft
2 TL Kokonussöl
200 g gefrorene Erdbeeren oder Beerenmischung
ggf. getrocknete Datteln für die Konsistenz

BODEN
1 Tasse glutenfreie Haferflocken
1 Tasse Mandeln
6 softe, getrocknete Datteln

SCHOKOSAUCE
1 TL Kokosöl
1 TL Carobpulver
1 TL Ahornsirup

DEKORATION
1 Handvoll TK-Beeren nach Geschmack
2 EL Kokosflakes

1. Cashewkerne mindestens 60 Minuten, am besten länger, in Wasser einweichen, abgießen und abspülen. Alle Zutaten für die Creme, bis auf die Beeren, im Mixer glatt pürieren. Die gefrorenen Beeren dazugeben und zu einer cremigen Masse verarbeiten. Ist sie zu dünnflüssig, noch ein paar Datteln zugeben, ist sie zu fest, ein wenig Wasser zugeben. Bis zur Verwendung in den Kühlschrank stellen.

2. Für den Boden Haferflocken und Mandeln im Mixer fein mahlen. Datteln in feine Streifen schneiden und dazugeben. Weitermixen, bis eine Paste entsteht. Etwas Paste aus dem Mixer nehmen und verkneten, wenn sie zusammenhält, ist sie fertig. Wenn nicht, noch 2–3 EL Wasser einmixen. Die Masse auf dem Boden einer Springform verteilen und festdrücken. Etwa 30 Minuten in den Gefrierschrank geben.

3. Die Creme auf den Tortenboden geben und verteilen, Oberfläche glätten. Für mindestens 12 Stunden, am besten 24 Stunden, in den Gefrierschrank geben.

4. Die Torte 30 Minuten vor dem Servieren herausnehmen. Für die Sauce das Kokosöl in einem kleinen Topf erhitzen, vom Herd nehmen. Carob und Ahornsirup unterrühren. Die Torte mit TK-Beeren und Kokosflakes dekorieren. Sauce darübergießen und … genießen!

 **TIPP** Die Torte erst ein wenig antauen lassen, dann geht das Anschneiden viel einfacher.

Apfelkuchen
mit Marzipan & Mandelblättchen

Apfelkuchenrezepte gibt es ja wie Sand am Meer und viele haben ihr eigenes, oft seit Generationen weitergegebenes Familienrezept. Dieses mit Marzipanguss und knusprigen Mandelblättchen hat echt das Zeug zum Lieblingskuchen. Auf jeden Fall werde ich immer nach dem Rezept gefragt …

Für 1 Spring- oder Tarteform (Durchmesser 22 cm) / Zubereitungszeit: 35 Minuten / Kühlzeit: 30 Minuten / Backzeit: ca. 40 Minuten

Zutaten

TEIG
250 g glutenfreies Mehl (z. B. 125 g Maismehl, 75 g Mandelmehl, 50 g Maisstärke)
    zzgl. etwas zum Bestäuben
125 g Margarine
    zzgl. etwas zum Einfetten
1 Prise Salz
75 g Zucker
1–2 EL kaltes Wasser
2 EL Maisstärke und 3 EL Wasser (optional als Eiersatz)

BELAG
100 g Marzipan
100 g Margarine
75 g Zucker
2 EL Reismilch
3–4 kleine Äpfel
5 EL Mandelblättchen
2 EL Rohrzucker
Puderzucker zum Bestäuben

1. Alle Zutaten für den Mürbeteig rasch zu einem geschmeidigen Teig verkneten und 30 Minuten in den Kühlschrank geben.

2. Marzipan in kleine Würfel schneiden und zusammen mit Margarine, Zucker und Milch mit dem Mixer gut verrühren. Den Backofen auf 180 °C Ober-/Unterhitze vorheizen.

3. Die Backform einfetten und mit Maismehl bestäuben, den Teig zwischen zwei Frischhaltefolien ausrollen und in die Form geben. Die Marzipanmasse darauf verstreichen.

4. Die Äpfel vierteln, Kerngehäuse entfernen und schälen. In feine Spalten schneiden und kreisförmig auf den Teig legen. Kuchen 30 Minuten backen. Mandeln und Zucker mischen. Den Kuchen aus dem Ofen nehmen, die Mandel-Zucker-Mischung darüberstreuen und weitere 10 Minuten backen.

5. Etwas abkühlen lassen und mit Puderzucker bestäuben. Noch lauwarm schmecken lassen.

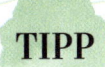 **TIPP** Wer glutenfreies Backen erst einmal ausprobieren möchte, kann sich zunächst eine fertige Mehlmischung holen. Das hat den Vorteil, dass man nichts mehr selbst mischen muss.

Aprikosentartelettes
mit Pistazien & Thymian

Kleine, feine Sommertörtchen sind das: Saftig, süß und raffiniert verfeinert mit Pistazien und Thymianblättchen. Noch ein Klecks Reissahne obendrauf … mmh!

Für 4 Tarteletteformen (Durchmesser 12 cm) oder 1 Springform (Durchmesser 18 cm)
Zubereitungszeit: 20 Minuten / Backzeit: ca. 35 Minuten

Zutaten

TEIG
100 g Rohrzucker
100 g Margarine
240 g glutenfreie Mehlmischung
 (z. B. 120 g Buchweizenmehl, 120 g gemahlene Mandeln)
1 Pck. Weinsteinpulver
150 ml Pflanzenmilch (z. B. Reismilch)

BELAG
ca. 150 g Aprikosen
4 EL Aprikosengelee (alternativ Quitten- oder Apfelgelee)
2 EL gehackte Pistazien
5–6 Stiele Thymian
Reissahne (optional)

1. Die Tarteletteformen einfetten. Den Backofen auf 180 °C Ober-/Unterhitze vorheizen.

2. Den Zucker zusammen mit der weichen Margarine in eine kleine Rührschüssel geben und mit dem Mixer schaumig schlagen. Mehl mit Backpulver mischen und unterrühren. Zuletzt die Milch dazugeben und unterrühren. Den Teig gleichmäßig auf die Tarteletteformen verteilen und glatt streichen.

3. Für den Belag die Aprikosen waschen, entkernen und vierteln. Kreisförmig auf den Teig legen. Das Gelee in einem kleinen Topf erhitzen, sofort herunternehmen, wenn es flüssig wird, und über die Aprikosen träufeln.

4. Die Tartelettes ca. 35 Minuten backen, bis der Teig leicht gebräunt ist. Stäbchenprobe machen, ob noch Teig kleben bleibt. Wenn ja, dann einige Minuten weiterbacken und ggf. mit Folie abdecken. Danach auf einem Kuchengitter etwa 10 Minuten abkühlen lassen, dann vorsichtig aus den Formen lösen.

5. Mit Pistazien und Thymianblättchen bestreuen und am besten noch lauwarm mit etwas Reissahne schmecken lassen.

 **TIPP** Statt Aprikosen lassen sich auch sehr gut Pflaumen verwenden. Dazu 10 Minuten vor Ende der Backzeit Mandelblättchen mit etwas Zucker und Zimt darüberstreuen und fertig backen.

Kleine Schokotorte
mit Kokoscreme & frischen Beeren

Eine kleine Torte, die es in sich hat. Ein kleines Stückchen Schokoglück, mit cremiger Füllung und frischen Beeren (für das gute Gewissen).

Für 1 Springform (Durchmesser 18 cm) / Zubereitungszeit: 35 Minuten / Backzeit: 35 Minuten / Kühlzeit: ca. 1 Stunde

Zutaten

TEIG
90 g Buchweizenmehl
90 g Kichererbsenmehl
3 EL Kakao- oder Carobpulver
1 TL Natron
1 Prise Salz
50 ml Rapsöl
200 ml Wasser
1 EL Apfelessig
1 TL gemahlene Vanille
170 g Rohrzucker

FÜLLUNG
100 g Schokolade (70 % Kakaoanteil)
100 g Kokosnusscreme

GLASUR
100 g Schokolade (70 % Kakaoanteil)
2 EL Rapsöl

DEKORATION
Beerenmischung
Puderzucker zum Bestäuben

1. Den Boden der Springform mit Backpapier auslegen, die Seitenränder einfetten und mit Mehl bestäuben. Backofen auf 180 °C Ober-/Unterhitze vorheizen.

2. In einer großen Schüssel Mehl, Kakao, Natron und Salz vermengen. In einer kleinen Schüssel Rapsöl, Wasser, Essig, Vanille und Zucker so lange verrühren, bis sich der Zucker aufgelöst hat. Die flüssige Mischung in die große Schüssel geben und alles zu einem Teig verrühren. Diesen in die Springform füllen und auf der mittleren Schiene 35 Minuten backen.

3. Mit der Stäbchenprobe testen, ob noch Teig hängen bleibt. Wenn nicht, den Kuchen aus dem Ofen nehmen und komplett auskühlen lassen. Anschließend mit einem großen Messer waagerecht in der Mitte durchschneiden.

4. Schokolade in kleine Stücke brechen und in eine Schüssel geben. Kokosnusscreme bei niedriger Temperatur in einem Topf fast zum Kochen bringen (vorsicht, die Creme brennt schnell an!) und sofort über die Schokostücke gießen. So lange rühren, bis die Schokolade sich komplett aufgelöst hat. Abkühlen lassen.

5. Mischung für ca. 45 Minuten in den Kühlschrank stellen. Öfters prüfen, ob die Creme streichfähig ist, dann sofort gleichmäßig auf die eine Hälfte des Tortenbodens streichen, die andere Hälfte auflegen und leicht andrücken. Torte in den Kühlschrank stellen.

6. Die Schokolade in einer Schüssel im heißen Wasserbad schmelzen lassen, mit dem Öl verrühren und in einer dünnen Schicht über die Torte geben. Nach dem Trocknen mit Beeren dekorieren und mit Puderzucker bestreuen.

 **TIPP** Ein bisschen saftiger wird die Torte, wenn man die Creme aufstreicht und dann noch eine Handvoll Beeren darauf verteilt, bevor der Deckel daraufkommt.

Super Nervennahrung dank Mandeln und Haferflocken

Mit gesunden Fettsäuren und hochwertigem Eiweiß

Schokoladige Zimtbällchen
& sommerliche Zitronenkugeln

Egal ob als Reiseproviant, als schneller Snack zwischendurch oder als kleines Gastgeschenk: Diese gesunden kleinen Kugeln habe ich immer als Vorrat zu Hause. Sie lassen sich außerdem schnell zubereiten und herrlich variieren.

Für 12–14 Kugeln / Zubereitungszeit: 10 Minuten / Kühlzeit: mindestens 30 Minuten
Schoko-Zimt-Kugeln mit Marzipankern (links)

60 g blanchierte Mandeln
60 g Cranberrys
50 g glutenfreie Haferflocken
2 EL Ahornsirup
½ TL Zimtpulver zzgl. etwas zum Bestäuben
ca. 15 Pistazien
40 g Marzipan
50 g Zartbitterkuvertüre

1. Mandeln, Cranberrys, Haferflocken, Ahornsirup und Zimt im Mixer zu einer geschmeidigen Masse verarbeiten. Wenn sie zu trocken ist, 1–2 EL Wasser dazugeben, ist sie zu feucht, einige Haferflocken untermischen.

2. Pistazien einzeln zunächst mit Marzipan, dann mit der Mandel-Cranberry-Mischung ummanteln und zu Kugeln formen.

3. Kuvertüre fein hacken und im Wasserbad schmelzen. Die Kugeln in die Kuvertüre geben, herausnehmen und auf einem mit Backpapier ausgelegten Teller trocknen lassen. Bevor sie ganz trocken sind, in etwas Zimtpulver wälzen. Am besten im Kühlschrank aufbewahren.

Für 12–14 Kugeln / Zubereitungszeit: 10 Minuten / Kühlzeit: mindestens 30 Minuten
Zitronen-Kokos-Bällchen (rechts)

125 g gemahlene Mandeln
25 g Kokosflocken zzgl. einige zum Umhüllen
1 Prise Salz
4 EL Agavendicksaft
3 EL frischer Zitronensaft
½ TL gemahlene Vanille
1 EL Zitronensaft oder Wasser

1. Alle Zutaten (außer dem Zitronensaft) im Mixer zu einer geschmeidigen Masse verarbeiten. Kokosflocken zum Umhüllen in eine flache Schüssel geben. Die Masse zu Kugeln formen, diese erst in Zitronensaft oder Wasser, dann in Kokosflocken wälzen ... fertig!

 **TIPP** Im Sommer lege ich die Zitronen-Kokos-Bällchen gerne ein paar Stunden ins Gefrierfach. Sehr erfrischend und ein gutes Versteck!

Haferriegel
mit Cranberrys

Für diese Haferriegel lässt der beste Ehemann von allen alles stehen und liegen. Direkt aus dem Gefrierfach schmecken sie einfach unvergleichlich lecker und sind ein idealer Snack für Zwischendurch.

Für 10–14 Riegel / Zubereitungszeit: 35 Minuten / Kühlzeit: ca. 6 Stunden

Zutaten

50 g Cashewkerne oder Paranüsse
50 g Mandeln
50 g Kürbiskerne
25 g Sonnenblumenkerne
25 g geschroteter Leinsamen
25 g Sesamsaat
100 g glutenfreie Haferflocken
20 g Cranberrys
2 EL Chiasamen (optional)
1 TL Zimtpulver
100 ml Agavendicksaft
3 EL cremige Erdnussbutter

1. Nüsse und Kerne grob hacken und mit den übrigen trockenen Zutaten in einer Schüssel vermischen. Agavendicksaft und Erdnussbutter miteinander verrühren, zu den Nüssen geben und zu einer homogenen Masse verarbeiten.

2. Die Mischung auf ein mit Backpapier ausgelegtes Backblech geben und flach drücken. Für mindestens 6 Stunden in das Gefrierfach geben, dann mit einem scharfen Messer in Riegel schneiden und die einzelnen Riegel in Papier wickeln.

 **TIPP** Die Riegel ziehen an der Luft Feuchtigkeit und halten dann nicht mehr so schön zusammen. Deshalb im Kühlschrank oder Gefrierfach lassen – sie schmecken gekühlt sowieso am besten.

Herzhafte Cracker
mit Tomate oder Olive

Ein bisschen wie Knäckebrot, nur dünner und würziger, sind diese leckeren Cracker. Ich packe sie mir gerne in eine Tüte, wenn ich unterwegs bin und es mal nichts Süßes sein soll.

Für 20–30 Stück / Zubereitungszeit: 15 Minuten / Quellzeit: 10 Minuten / Backzeit: 35–45 Minuten

Zutaten

CRACKER
30 g Hirsemehl
30 g Maismehl
60 g glutenfreie Haferflocken
60 g Sonnenblumenkerne
25 g Sesamsaat
25 g geschroteter Leinsamen
1 EL Olivenöl
½ TL getrockneter Oregano
½ TL Salz
frisch gemahlener schwarzer Pfeffer
250 ml stilles Wasser

TOMATENCRACKER
4 klein geschnittene getrocknete Tomaten

OLIVENCRACKER
6 klein geschnittene grüne Oliven
1 TL Pesto

1. Den Backofen auf 170 °C Ober-/Unterhitze vorheizen. Alle Zutaten für die Cracker in einer Schüssel verrühren. Sollen beide Geschmacksrichtungen gebacken werden, den Teig halbieren und in die eine Hälfte die Tomaten, in die andere Hälfte die Oliven-Pesto-Mischung rühren. Den Teig 10 Minuten quellen lassen.

2. Den fast flüssigen Teig auf ein mit Backpapier ausgelegtes Backblech gießen, mit einem Löffel oder einer Palette glatt streichen und im Ofen zunächst 15 Minuten backen.

3. Herausnehmen, mit einem Pizzaroller oder einem Messer in Stücke schneiden und weitere 35–45 Minuten backen. Der Teig sollte gut getrocknet und leicht gebräunt sein.

4. Aus dem Ofen nehmen, etwas abkühlen lassen und das Backpapier von den noch warmen Crackern abziehen.

TIPP In einer Blechdose halten sich die Cracker lange frisch. Und zu einer kleinen Zwischenmahlzeit werden sie mit einem Dip wie z. B. den Aufstrichen von Seite 31 und ein paar Scheiben Gurke gereicht.

Zweierlei Knabberei

Knabbern ohne schlechtes Gewissen?
Das geht! Ihr hoher Eiweißgehalt macht Kichererbsen zur perfekten Nervennahrung.
Und das Tryptophan in den Cashews wird im Gehirn zu Serotonin umgewandelt,
dem „Glücklichmacher" schlechthin. Da kommt Stimmung auf!

Für 1 Schälchen / Zubereitungszeit: 5 Minuten / Backzeit: ca. 30 Minuten

Knackige Kichererbsen

240 g Kichererbsen aus dem Glas
1 EL Olivenöl
1 TL edelsüßes Paprikapulver
1 TL gemahlene Kurkuma
1 TL getrockneter Thymian
Salz, frisch gemahlener schwarzer Pfeffer

1. Den Backofen auf 170 °C Ober-/Unterhitze vorheizen. Kichererbsen in einem Sieb gut abspülen, bis das Wasser klar ist. Auf Küchenpapier trocknen. Mit den restlichen Zutaten vermischen und auf ein mit Backpapier ausgelegtes Backblech geben. Im Ofen 30 Minuten backen.

Für 1 Schälchen / Zubereitungszeit: 5 Minuten / Backzeit: ca. 30 Minuten

Scharfe Cashewkerne

200 g Cashewkerne
1 EL Olivenöl
1 TL getrockneter Oregano
1 Prise Cayennepfeffer
Salz, frisch gemahlener schwarzer Pfeffer

1. Den Backofen auf 170 °C Ober-/Unterhitze vorheizen. Cashewkerne mit den restlichen Zutaten vermischen und auf ein mit Backpapier ausgelegtes Backblech geben. Im Ofen max. 15 Minuten rösten, da sie schnell anbrennen.

TIPP Beide Knabbereien zusammen backen spart Zeit und Energie: Die Kichererbsen auf eine Hälfte des Backblechs geben, nach 15 Minuten die Cashewkerne auf die andere Hälfte geben und beide Knabbereien zusammen fertig backen.

Register

A

Apfel
Apfelkuchen mit Marzipan & Mandelblättchen 129
Spicy Kohlrabi-Rüben-Salat mit frischem Koriander 55

Aprikose
Aprikosentartelettes mit Pistazien & Thymian 130
Bunter All-inclusive-Salat 60
Bunter Tomatensalat mit süßer Melone & Pflaumen 59
Gebackene Aubergine mit Zitronenhirse 97
Salat im Glas mit Quinoa, Beeren & Sprossen 56

Aubergine
Gebackene Aubergine mit Zitronenhirse 97
Gebackene Auberginen mit Cashewcreme & Petersilie 43
Gebackene Süßkartoffel mit Linsengemüse 102
Geröstetes Kürbis-Hirsotto mit Aubergine & Paprika 89

Aufstriche 31

Avocado
Bunter All-inclusive-Salat 60
Fächerkartoffeln mit cremigem Erbsenhummus 110
Herbe Schokocreme mit Avocado 118
Klassische Guacamole 31
Kürbis-Mais-Rösti mit cremiger Basilikum-Guacamole 90
Pizza mit knusprigem Körnerboden 105
Quinoasalat mit Avocado & zitronigem Dressing 44
Rucolasalat mit Pfirsich & Nüssen 36
Salat-Wraps mit Tomatensalsa & Avocadocreme 51
Zucchininudeln mit Basilikum-Kürbiskern-Pesto 113

B

Banane
„Ich mach dich schön"-Smoothie 27
Exotische Kürbissuppe mit Banane & Kokos 71
Pancakes mit Banane & frischem Obst 25
Porridge mit Kompott & Zimtzucker 22

Basilikum
Kürbis-Mais-Rösti mit cremiger Basilikum-Guacamole 90
Zucchininudeln mit Basilikum-Kürbiskern-Pesto 113

Beeren
Kleine Schokotorte mit Kokoscreme & frischen Beeren 132
Knackiger Spargel mit Erdbeeren, Erbsen & Bohnen 35
Nussbraten mit fruchtigen Preiselbeeren 98
Salat im Glas mit Quinoa, Beeren & Sprossen 56
Saure Zitronencreme mit süßen Himbeeren 121

Blumenkohl, geröstet, mit Petersilie 93

Bohnen
Bohnen-Linsen-Pattys mit Balsamico-Feigen 86
Bohnen-Rote-Bete-Humus 31
Deftiger Eintopf mit Süßkartoffeln & Bohnen 67
Knackiger Spargel mit Erdbeeren, Erbsen & Bohnen 35

Brokkoli: Cremige Brokkolisuppe mit Karotten- & Süßkartoffelpommes 80

Buchweizen
Buchweizen–Pfannkuchen mit Pilzfüllung 94
Pancakes mit Banane & frischem Obst 25

Bunter All-inclusive-Salat 60
Bunter Tomatensalat mit süßer Melone & Pflaumen 59

C

Carob
Herbe Schokocreme mit Avocado 118
Kalte Erdbeertorte mit Schokosauce 126
Kleine Schokotorte mit Kokoscreme & frischen Beeren 132
Quinoa-Granola 21

Cashewkerne
Gebackene Auberginen mit Cashewcreme & Petersilie 43
Haferriegel mit Cranberrys 136
Kalte Erdbeertorte mit Schokosauce 126
Scharfe Cashewkerne 140

Champignons: Buchweizen–Pfannkuchen mit Pilzfüllung 94

Chiasamen
Haferriegel mit Cranberrys 136
Knuspriges Körnerbrot mit Mandeln & Chiasamen 28

Cranberry
Haferriegel mit Cranberrys 136
Schoko-Zimt-Kugeln mit Marzipankern 135

Cremige Brokkolisuppe mit Karotten- & Süßkartoffelpommes 80

Cremiges Schokoeis mit Zimt & Kakao-Nibs 122

D

Datteln
Cremiges Schokoeis mit Zimt & Kakao-Nibs 122
Kalte Erdbeertorte mit Schokosauce 126
Tomatenaufstrich 31

Deftiger Eintopf mit Süßkartoffeln & Bohnen 67

Dreierlei Aufstriche 31

E

Erbsen
Fächerkartoffeln mit cremigem Erbsenhummus 110
Grüne Gemüsesuppe mit fruchtigem Tomaten-Mandel-Pesto 83
Knackiger Spargel mit Erdbeeren, Erbsen & Bohnen 35

Erdbeere
Erdbeertorte mit Schokosauce 126
Knackiger Spargel mit Erdbeeren, Erbsen & Bohnen 35

Erdnüsse
Haferriegel mit Cranberrys 136
Scharfe Karottensuppe mit Erdnuss-Kokos-Crunch 64

Exotische Kürbissuppe mit Banane & Kokos 71

F

Fächerkartoffeln mit cremigem Erbsenhummus 110

Feigen: Bohnen-Linsen-Pattys mit Balsamico-Feigen 86

Feldsalat: Linsensalat mit frischer Mango & Zitronenmelisse 52

Flohsamenschalen: Knuspriges Körnerbrot mit Mandeln & Chiasamen 28

G

Granatapfelkerne
Linsensalat mit Herbstrübchen & Granatapfelkernen 48
Süßkartoffelsalat mit Granatapfelkernen & Koriander 39

Gebackene Aubergine mit Zitronenhirse 97
Gebackene Auberginen mit Cashewcreme & Petersilie 43
Gebackene Süßkartoffel mit Linsengemüse 102

Gemüsebrühe, selbstgemacht 10

Gerösteter Blumenkohl mit Petersilie 93

Geröstetes Kürbis-Hirsotto mit Aubergine & Paprika 89

Grüne Gemüsesuppe mit fruchtigem Tomaten-Mandel-Pesto 83

H

Haferflocken
Hafer-Granola 21
Haferriegel mit Cranberrys 136
Herzhafte Cracker mit Tomate oder Olive 139
Kalte Erdbeertorte mit Schokosauce 126
Knuspriges Körnerbrot mit Mandeln & Chiasamen 28
Porridge mit Kompott & Zimtzucker 22
Schoko-Zimt-Kugeln mit Marzipankern 135
Würzige Linsenplätzchen mit Gemüse 109

Haselnusskerne: Bohnen-Linsen-Pattys mit Balsamico-Feigen 86

Heidelbeeren
Pancakes mit Banane & frischem Obst 25
Porridge mit Kompott & Zimtzucker 22
Rucolasalat mit Pfirsich & Nüssen 36
Salat-Wraps mit Tomatensalsa 51
Spargel mit bunter Tomatensalsa 106

Herbe Schokocreme mit Avocado 118

Herbstlicher Rübensalat mit Petersilie & Orangendressing 40

Herzhafte Cracker mit Tomate oder Olive 139

Himbeeren: Saure Zitronencreme mit süßen Himbeeren 121

Hirse
Gebackene Aubergine mit Zitronenhirse 97
Geröstetes Kürbis-Hirsotto mit Aubergine & Paprika 89
Herzhafte Cracker mit Tomate oder Olive 139
Salat-Wraps mit Tomatensalsa & Avocadocreme 51
Honigmelone: „Ich mach dich schön"-Smoothie 27

I
Ingwer
„Ich mach dich stark"-Smoothie 27
Exotische Kürbissuppe mit Banane & Kokos 71
Scharfe Karottensuppe mit Erdnuss-Kokos-Crunch 64

J
Johannisbeeren
Bunter Tomatensalat mit süßer Melone & Pflaumen 59
Rote Fruchtgrütze mit knusprigem Mandelkrokant 125

K
Kakao-Nibs: Cremiges Schokoeis mit Zimt & Kakao-Nibs 122
Kalte Erdbeertorte mit Schokosauce 126
Karotte
Cremige Brokkolisuppe mit Karotten- & Süßkartoffelpommes 80
Linsensalat mit Herbstrübchen & Granatapfelkernen 48
Ofengemüse mit frischem Kräuterdressing 101
Scharfe Karottensuppe mit Erdnuss-Kokos-Crunch 64
Spicy Kohlrabi-Rüben-Salat mit frischem Koriander 55
Würzige Linsenplätzchen mit Gemüse 109
Kartoffel
Fächerkartoffeln mit cremigem Erbsenhummus 110
Ofengemüse mit frischem Kräuterdressing 101
Kichererbsen
Knackige Kichererbsen 140
Rote Linsensuppe mit Kichererbsen & Paprika 72

Kichererbsenmehl
Gerösteter Blumenkohl 93
Kleine Schokotorte mit Kokoscreme & frischen Beeren 132
Pancakes mit Banane & Obst 25
Kidneybohnen
Bohnen-Linsen-Pattys mit Balsamico-Feigen 86
Deftiger Eintopf mit Süßkartoffeln & Bohnen 67
Klassische Guacamole 31
Kleine Schokotorte mit Kokoscreme & frischen Beeren 132
Knackige Kichererbsen 140
Knackiger Spargel mit Erdbeeren, Erbsen & Bohnen 35
Knuspriges Körnerbrot 28
Kohlrabi
Grüne Gemüsesuppe mit fruchtigem Tomaten-Mandel-Pesto 83
Spicy Kohlrabi-Rüben-Salat mit frischem Koriander 55
Kokosjoghurt
Gebackene Süßkartoffel mit Linsengemüse 102
Rote Fruchtgrütze mit knusprigem Mandelkrokant 125
Kokosmilch
Cremige Brokkolisuppe mit Karotten- & Süßkartoffelpommes 80
Cremiges Schokoeis mit Zimt & Kakao-Nibs 122
Saure Zitronencreme mit süßen Himbeeren 121
Scharfe Karottensuppe mit Erdnuss-Kokos-Crunch 64
Spargelsuppe mit Zuckerschoten & Koriander 79
Koriander
Süßkartoffelsalat mit Granatapfelkernen & Koriander 39
Spicy Kohlrabi-Rüben-Salat mit frischem Koriander 55
Spargelsuppe mit Zuckerschoten & Koriander 79
Körnermischung 11
Kürbis
Exotische Kürbissuppe mit Banane & Kokos 71
Geröstetes Kürbis-Hirsotto mit Aubergine & Paprika 89
Haferriegel mit Cranberrys 136
Kürbis-Mais-Rösti mit cremiger Basilikum-Guacamole 90

Kürbiskerne: Zucchininudeln mit Basilikum-Kürbiskern-Pesto 113

L
Lauch
Maissuppe mit Pilz-Lauch-Topping 68
Lauchsuppe mit frischen Kräutern & Flädlestreifen 76
Leinsamen
Haferriegel mit Cranberrys 136
Herzhafte Cracker mit Tomate oder Olive 139
Knuspriges Körnerbrot mit Mandeln & Chiasamen 28
Pizza mit knusprigem Körnerboden 105
Linsen
Bohnen-Linsen-Pattys mit Balsamico-Feigen 86
Gebackene Süßkartoffel mit Linsengemüse 102
Linsensalat mit frischer Mango & Zitronenmelisse 52
Linsensalat mit Herbstrübchen & Granatapfelkernen 48
Rote Linsensuppe mit Kichererbsen & Paprika 72
Würzige Linsenplätzchen mit Gemüse 109

M
Mais
Kürbis-Mais-Rösti mit cremiger Basilikum-Guacamole 90
Maissuppe mit Pilz-Lauch-Topping 68
Mandeln
Apfelkuchen mit Marzipan & Mandelblättchen 129
Grüne Gemüsesuppe mit fruchtigem Tomaten-Mandel-Pesto 83
Hafer-Granola 21
Haferriegel mit Cranberrys 136
Kalte Erdbeertorte mit Schokosauce 126
Knuspriges Körnerbrot mit Mandeln & Chiasamen 28
Pizza mit knusprigem Körnerboden 105
Rote Fruchtgrütze mit knusprigem Mandelkrokant 125
Rucolasalat mit Pfirsich & Nüssen 36
Schoko-Zimt-Kugeln mit Marzipankern 135
Zitronen-Kokos-Bällchen 135

Mandelmilch: Pancakes mit Banane & frischem Obst 25
Mango: Linsensalat mit frischer Mango & Zitronenmelisse 52
Marzipan
Apfelkuchen mit Marzipan & Mandelblättchen 129
Schoko-Zimt-Kugeln mit Marzipankern 135

N
Nussbraten mit fruchtigen Preiselbeeren 98

O
Ofengemüse mit frischem Kräuterdressing 101
Oliven
Herzhafte Cracker mit Tomate oder Olive 139
Polentapizza mit Rucola, Oliven & Paprika 114
Orange
Bunte Smoothies 27
Herbstlicher Rübensalat mit Petersilie & Orangendressing 40
Rotkohlsalat mit Walnüssen, Rosinen & Orangen 47

P
Pancakes mit Banane & frischem Obst 25
Paprika
Geröstetes Kürbis-Hirsotto mit Aubergine & Paprika 89
Polentapizza mit Rucola, Oliven & Paprika 114
Rote Linsensuppe mit Kichererbsen & Paprika 72
Petersilie
Gebackene Auberginen mit Cashewcreme & Petersilie 43
Gerösteter Blumenkohl mit Petersilie 93
Herbstlicher Rübensalat mit Petersilie & Orangendressing 40
Pfirsich: Rucolasalat mit Pfirsich & Nüssen 36
Pflaume: Bunter Tomatensalat mit süßer Melone & Pflaumen 59
Pilze
Buchweizen–Pfannkuchen mit Pilzfüllung 94
Maissuppe mit Pilz-Lauch-Topping 68
Pistazien: Aprikosentartelettes mit Pistazien & Thymian 130

143

Pizza mit knusprigem
Körnerboden 105
Polentapizza mit Rucola, Oliven
& Paprika 114
Porridge mit Kompott
& Zimtzucker 22

Q

Quinoa
Quinoa-Granola 21
Quinoasalat mit Avocado
& zitronigem Dressing 44
Salat im Glas mit Quinoa, Beeren
& Sprossen 56

R

Reismilch
Lauchsuppe mit frischen
Kräutern & Flädlestreifen 76
Pancakes mit Banane & frischem
Obst 25
Porridge mit Kompott
& Zimtzucker 22
Scharfe Karottensuppe mit
Erdnuss-Kokos-Crunch 64
Rosinen: Rotkohlsalat mit Walnüssen, Rosinen & Orangen 47
Rote Bete
Bohnen-Rote-Bete-Humus 31
Spicy Kohlrabi-Rüben-Salat
mit frischem Koriander 55
Rote Fruchtgrütze mit knusprigem
Mandelkrokant 125
Rote Linsensuppe mit Kichererbsen
& Paprika 72

Rotkohlsalat mit Walnüssen,
Rosinen & Orangen 47
Rübe
Herbstlicher Rübensalat mit
Petersilie & Orangendressing 40
Linsensalat mit Herbstrübchen
& Granatapfelkernen 48
Rucola
Polentapizza mit Rucola, Oliven
& Paprika 114
Rucolasalat mit Pfirsich
& Nüssen 36

S

Salat im Glas mit Quinoa, Beeren
& Sprossen 56
Salat-Wraps mit Tomatensalsa
& Avocadocreme 51
Saure Zitronencreme mit süßen
Himbeeren 121
Scharfe Cashewkerne 140
Scharfe Karottensuppe mit
Erdnuss-Kokos-Crunch 64
Schoko-Zimt-Kugeln mit
Marzipankern 135
Smoothies 27
Spargel
Spargel mit bunter
Tomatensalsa 106
Spargelsuppe mit Zuckerschoten
& Koriander 79
Spicy Kohlrabi-Rüben-Salat mit
frischem Koriander 55
Spicy Tomatensuppe mit knackigem
Sellerie & Kresse 75

Spinat: Buchweizen–Pfannkuchen
mit Pilzfüllung 94
Süßkartoffelsalat mit Granatapfelkernen & Koriander 39

T

Tomaten
Bunter Tomatensalat mit süßer
Melone & Pflaumen 59
Herzhafte Cracker mit Tomate
oder Olive 139
Salat-Wraps mit Tomatensalsa
& Avocadocreme 51
Spargel mit bunter
Tomatensalsa 106
Spicy Tomatensuppe mit knackigem
Sellerie & Kresse 75
Tomatenaufstrich 31
Tomaten-Mandel-Pesto 83

W

Walnuss: Rotkohlsalat mit Walnüssen, Rosinen & Orangen 47
Würzige Linsenplätzchen mit
Gemüse 109

Z

Zartbitterkuvertüre
Cremiges Schokoeis mit Zimt
& Kakao-Nibs 122
Herbe Schokocreme mit
Avocado 118
Quinoa-Granola 21
Schoko-Zimt-Kugeln mit
Marzipankern 135

Zimt
Cremiges Schokoeis mit Zimt
& Kakao-Nibs 122
Porridge mit Kompott
& Zimtzucker 22
Schoko-Zimt-Kugeln mit
Marzipankern 135
Zitrone
Gebackene Aubergine mit
Zitronenhirse 97
Saure Zitronencreme mit
süßen Himbeeren 121
Zitronen-Kokos-Bällchen 135
Zitronenmelisse: Linsensalat
mit frischer Mango
& Zitronenmelisse 52
Zucchini
Grüne Gemüsesuppe mit fruchtigem Tomaten-Mandel-Pesto 83
Kürbis-Mais-Rösti mit cremiger
Basilikum-Guacamole 90
Nussbraten mit fruchtigen
Preiselbeeren 98
Würzige Linsenplätzchen mit
Gemüse 109
Zucchininudeln mit Basilikum-
Kürbiskern-Pesto 113
Zuckerschoten: Spargelsuppe mit
Zuckerschoten & Koriander 79
Zweierlei Granola 21
Zweierlei Knabberei 140

Impressum

© 2017 Fackelträger Verlag GmbH, Köln
Emil-Hoffmann-Straße 1
D-50996 Köln

Alle Rechte der Verbreitung, auch durch Film, Funk, Fernsehen, fotomechanische Wiedergabe, Tonträger aller Art, auszugsweisen Nachdruck oder Einspeicherung und Rückgewinnung in Datenverarbeitungsanlagen aller Art, sind vorbehalten.
Die Inhalte dieses Buches sind von Autorin und Verlag sorgfältig erwogen und geprüft, dennoch kann eine Garantie nicht übernommen werden. Eine Haftung von Autorin und Verlag für Personen-, Sach- und Vermögensschäden ist ausgeschlossen.

Texte, Rezepte und Fotografie: Sibylle Sturm https://billaswelt.de
Foto auf Seite 6: Tarik Calgici
Projektleitung, Redaktion und Lektorat: Ilka Grunenberg
Gestaltung: Irina Gilgen und Sabine Vonderstein
Umschlaggestaltung: Irina Gilgen
Umschlagmotive: Fotolia.com: © RoyStudio (Leinenstruktur);
© lumencre & © zzorik (Farbkleckse);
© nokastudio (Störer); © irinakrivoruchko (Zitronen,
Rote Bete, Apfel); © Marina Demidova (Teetasse);
© ceramaama (Mandala)

Gesamtherstellung: Fackelträger Verlag GmbH, Köln

ISBN 978-3-7716-4692-9
Printed in Poland

www.fackeltraeger-verlag.de